21天说服力养成

[美] 诺瓦·戈尔茨坦
(Noah Goldstein)
[美] 史蒂夫·马丁
(Steve Martin)
[美] 罗伯特·西奥迪尼
(Robert Cialdini) 著
郭胜阳 译

中信出版集团 | 北京

图书在版编目（CIP）数据

21天说服力养成 /（美）诺瓦·戈尔茨坦，（美）史蒂夫·马丁，（美）罗伯特·西奥迪尼著；郭胜阳译 . --北京：中信出版社，2020.4

书名原文：The Little Book of Yes

ISBN 978-7-5217-0837-0

Ⅰ . ① 2… Ⅱ . ①诺… ②史… ③罗… ④郭… Ⅲ . ①说服—语言艺术—通俗读物 Ⅳ . ① H019-49

中国版本图书馆 CIP 数据核字（2020）第 034426 号

21 天说服力养成

著　　者：［美］诺瓦·戈尔茨坦 ［美］史蒂夫·马丁 ［美］罗伯特·西奥迪尼

译　　者：郭胜阳

出版发行：中信出版集团股份有限公司

（北京市朝阳区惠新东街甲 4 号富盛大厦 2 座　邮编　100029）

承 印 者：北京汇瑞嘉合文化发展有限公司

开　　本：787mm × 1092mm　1/32　　印　　张：5.25　　字　　数：82 千字

版　　次：2020 年 4 月第 1 版　　印　　次：2020 年 4 月第 1 次印刷

京权图字：01–2019–2783　　广告经营许可证：京朝工商广字第 8087 号

书　　号：ISBN 978–7–5217–0837–0

定　　价：45.00 元

目录

目录

前　言

约翰·列侬（John Lennon）曾说，他是在1966年11月爱上小野洋子（Yoko Ono）的。那时，小野洋子在伦敦因迪卡画廊（Indica Art Gallery）举办个展，展出中有一件作品格外引人注目。要想观看这件作品，观众就要在昏黄的灯光下，爬上一架摇摇欲坠的梯子，站在梯子顶端，透过放大镜来观察天花板上的一小块区域，那里有一个不太容易被察觉的英文单词。

这个单词很小，也很简单，可是列侬却被它深深地打动了，自此便爱上了邀请他观展的小野洋子。在列侬看来，在一个险恶动荡的世界里，正是这个单词的治愈力引起了他内心的共鸣。

大多数人以为这个单词是“Love”（爱），其实不是。它既指向爱，又源于爱。可以说，在更为广泛的社会交往中，我们更常遇见它。

这个单词就是“Yes”（是）。

“Yes”能产生的巨大作用广为人知。它既可以增进人际关系，又能够鼓励学习和探索；它可能意味着项目获得通过，也可能是指得到一个新的机会；它给予我们许可；它满足了人类最基本的需求——社交。

对于听到“No”（不）时的挫败感，我们也不陌生。不能因为“Yes”这个词简单，我们就天真地以为，可以轻易地从别人口中听到这个词。如果你对说服过程的一些细节一无所知，你是不容易听到“Yes”的。

本书包含 21 篇短小的章节，阅读每一章只需要 5~10 分钟，它们概述了一系列行之有效的说服策略。每一种策略都已经得到证实，能够提高别人对你说“Yes”的概率。这个人可能是你的同事、合伙人、经理、朋友，甚至是陌生人。书中的经验教训可以帮助你应对日常遇到的各种关于说服的挑战。比如修复恶化的人际关系，提高收费标准或要求加薪，在推特（Twitter）上说服别人理解你的观点，向邻居和家人求助，说服犹豫的朋友采取行动，建立社交网络等。

说服不是魔法。虽然有些人似乎天生自带影响他人的能力，但这并不代表其他人就得听天由命，永远无法让自己的想法或要求被他人接受。几十年来，研究人员一直努力探索在影响他人方面普遍有效的原理和策略。作为世界知名的说服力科学家，我们只会在书中提出经科学证实能够提高你说服力的思想和原理。我们将在书中探讨各种原则，并教你有效且合乎道德地使用这些原则。比如在第13章中，针对如何跟工作中难以相处的同事打交道，我们提出了最佳方法；在第18章中，就如何使谈判更高效，我们也提出了观点。这21篇短小精悍的文章将教你通过多种方式说服他人，从而结交更多朋友，说服犹豫不决的人，增强自信，改变别人对你的看法。无论你是打算时不时地翻看，还是从头到尾阅读，我们相信你都会从中学到很多东西，让你在个人生活和职业生涯中听到更多的“Yes”。

需要提醒你一句，从别人口中听到一次“Yes”，不见得下次你还会从同一人那里听到“Yes”。一旦感到被欺骗、被裹挟或被操纵，在随后的交流中，对方很可能就会说“No”。所以，想要持续说服对方，你就必须负责任地使用书中的知识和技巧。知道怎么说服别人，就好比拥有了强大的工具——这本书只是一个开始。

其实列侬的著名歌曲《你需要的只是爱》（*All You Need*

Is Love），应该叫作《你需要的只是“Yes”》（*All You Need Is “Yes”*）！如果你深入理解并妥善运用本书的理论，无论是在你的个人生活中，还是在你的职业生涯里，你都会越来越多地听到“Yes”。

21 个
说服策略

1 求回报前先付出

人们愿意以自己最初接受的帮助回馈他人。

为人慷慨的好处早已得到研究证实。在给予别人礼物、恩惠、信息和帮助后，我们通常会感到更受欢迎、更受赞赏，而且根据进化论的研究，我们甚至会感到自己更加健康、更加幸福。

慷慨做人是人类生存的重要条件。如果说，要找出说服别人的最简单的理由，莫过于你帮助过他们。总的来说，一旦给予过帮助的人将来需要帮助，那些得到过帮助的人出于回报，会更愿意帮忙。这一理念源于互惠规范[①]：表明人们愿意将自己最初接受的好处回馈他人。

在人类社会中，人们从小就被灌输这一强大的社会准则。十有八九，你的父母会教你，“己所不欲，勿施于人”。毫无疑问，你的祖父祖母也用同样的方式教导过你的父母。他们这么做的原因很简单，但是意义深远。互惠规范一般通过鼓励资源

---

① 互惠规范是指各方在交换过程中一系列被大家认可的准则，即一方为另一方提供帮助或给予其某种资源时，后者有义务回报给予其帮助的人。——译者注

交换，给相关方带来更大的好处。比如更广泛的合作、更高的效率，以及互利和持久的关系。

回想一下邻居为什么邀请你参加聚会。因为他们知道，只有这么做，将来你才更有可能邀请他们参加你的聚会。此外，双方更有可能因此建立一种有益、长久的邻里关系。有的人可能会觉得，现在答应同事的请求，在其项目上帮忙（如提供建议、资源或关键信息），将来这个同事就会更愿意在自己的项目上帮一把。这可能有点儿讽刺——在帮助别人的时候，人们真的只是在为自己考虑。对某些人来说，他确实会回馈他人，但重点不在于此。最主要的是，给予行为是公开、自由的，那么互惠规范自然会生效。

要知道，正是有人先给别人提供了帮助和资源，赠送了礼物，才激活了互惠规范。主动的给予让其他人感到有义务去做同样的事。因此，在这种社会义务的背景下，人们更倾向于答应那些帮助过自己的人所提出的请求。让我们更愿意说“Yes”的，是我们感到自己对他人有社会义务，而不是我们的主观意识决定的。

精明的营销者知道，尽管提供一件免费样品或者试用一款新应用程序，并不能说服每个人都去购买，但是能吸引足够多的人购买，这远远超过免费“礼物”的初始成本。慈善机构知道，在募捐时赠送礼物——比如一张贺卡——可以说服更多人捐款。为美国残疾退伍军人募捐的慈善机构，在请求援助的信函中附了一张个性化地址标签，募捐率因此几乎翻了一番。

这并不代表付出一定能收获回报。如果最初的帮助明显是一个圈套的话，结果就更难说了。比如在街上遇到一个陌生人要给你钱，你不大会接受，而更有可能认为这是某种骗局。

但是，如果在给予时融入心意和个性化的元素，作为一个主动的帮助者和给予者，其说服力是毋庸置疑的。在一个日益去个性化和信息超载的世界，即使是不那么高级的个性化，对于说服也会有所帮助。心理学家兰迪·加纳（Randy Garner）发现，只因为他在寄出的调查问卷中附了一张手写的便笺纸，上面写有他的请求和收信人的名字，完成调查问卷的人数就增加了一倍。看到寄信人不辞辛苦，在信封上手写了你的名字和地址，这样的信你一定会拆开看，这是有原因的。大部分信件都是被强塞进你的信箱的，它们是为了吸引你的注意力（当然还有各种账单，它们是为了掏空你的钱包）。与这些信件不同，手写信件之所以引人注目，是因为有人愿意花费时间和精力为你私人定制。因此，它会激励你花费时间和精力来做出回应。

用互惠规范来说服别人时，有一条真理是，那些首先无条件用个性化的方式给予别人帮助和支持的人，在工作中、朋友圈中，以及个人社交圈子中，通常是最有说服力的人。

毫无疑问，最有说服力的人不太可能是那些总想着“谁能帮我”的人，而更可能是那些想着“首先，我可以帮谁”的人。

2 营造交换氛围

人们倾向于回报
善意或传递善意。

你是否留意过，当你开车排队进主路的时候，如果一个好心的司机让你在他前面并入，短时间内，你很有可能把这样的便利传递给另一个司机。当然，不是每次都会这样，时机也很关键。从接受一次交通上的便利，到有机会传递同样的便利给其他人，如果两者间隔时间太久，那么你传递便利的可能性就会骤然下降。

无论你是否会这么做，这种现象都普遍存在，甚至成为一种公认的社会准则。它类似于互惠规范。之所以说类似，是因为从严格的意义上说，它们并不完全是一回事。工作中，同事投入额外的时间和资源来助力你的项目，他至少是在某种程度上，期望你会报答他的好意，在将来的某个时候为他做同样的事。同样地，在你外出度假时，帮你照看公寓或房子的邻居实际上期望下次他们外出时，你能给予同样的帮助。

但是，当有好心的司机让你在他前面并入时，你却很难回报他们，因为他们现在在你后面。然而，这并不代表他们的善举就得不到回报。当你们对视时，你可以用口形说“谢谢”，或者对着后视镜竖起大拇指。除此以外，你还有可能把这种善举传递给别人。有了互惠的观念，即使没有机会回报善意，我们也会传递善意。这不仅有助于交通状况的改善，也有助于建立人际关系，让说服策略更成功地实施——对每个相关的人都有好处。

例如，一家大型电信公司统计过办公室同事之间相互帮忙的次数。研究人员还记录了给予他人帮助对一个人社会地位的影响。结果在意料之中，那些慷慨地花费时间和精力帮助别人的人，不仅受人感激，而且更讨人喜欢。但研究也发现，这些人的工作效率往往比同事低得多。愿意帮助别人是要付出代价的，这个代价就是时间——达成自己目标的时间不充足了。

还好，研究人员发现，有一组员工采取的方法似乎既能使他们帮助别人，提高社会地位，又不影响他们达成个人目标。但他们是怎么做到的呢？是因为他们有超能力吗？当然不是。

他们所做的只是暗示他人，这是一种自然的交换过程。在帮助别人并收到感谢时，他们更有可能会说，“这儿的人都是这样的，大家会相互帮忙”，或者“如果同样的事情发生在我身上，我相信你也一样会帮我的”。他们不大会说出“不客气”、“乐意效劳”或“不用在意”之类的话。

当然，他们在被感谢时从来不会说：“看吧，现在你欠我一个人情！”

用研究人员的话说，这一组人在为交换做准备，并在这个过程中建立一个有交换意愿的同事圈，圈中的同事更倾向于交换。交换是人与人之间给予和接受的过程，它能使置身其中的每个人受益。交换能让伙伴关系变得更加强大，社区更有凝聚力，人与人之间更加信任，文化更加健康。

营造交换的氛围不应该只局限于工作场合。社会学家研究了家庭和朋友之间最有效的交换模式。在几乎所有最幸福和最健康的氛围中，人与人之间的交换都是均衡的或者是平等的。如果仅有一两个人提供帮助，就会造成不均衡的局面，不满、不悦和不信任很快就会成为常态。有几种原因可能导致这种情况：一是帮助者不让被助者回报人情；二是帮助者即便愿意接受回报，也不好意思说出来；三是帮助者给予的帮助标准太高，被助者感到无力回报。还有一种可能是，被助者仅仅是在利用帮助者，他们不再是被助者，而只是索取者。

当然，营造交换氛围的最佳方式要视具体情况而定。如果你需要别人的协助来达成一个工作目标，比较好的办法是，你示意对方，之前你提供帮助是本着互惠精神做的。如果你真心实意、毫不刻意地帮助过别人，那么友好地讲一句，“若你能帮忙，我真的很感激”，应该就差不多了。如果你的工作目标不太具体，时效性也不强，比如促进合作或者收集信息之类的，那么也许可以让对你心存感激的人把善意传递给别人。问问他们是否愿意和你认识的人建立联系，或者向他们介绍你那些需要帮助的同事或朋友。也许，他们掌握了有用的信息或想法，可以帮助另一个部门的同事或者你们共同的朋友。

那该怎么对付索取者呢？这种人只想利用他人的善意，而从未想过交换。我们的建议是，与其向索取者寻求帮助，不如向他们征求意见。当我们向索取者征求意见时，我们是在给他们树立声望。这会让他们觉得自己很重要，从而产生一种乐于助人的心态。当然，在说服别人这个问题上，从来都没有绝对，但总的来说，大多数人在被征求意见时都会做出积极的回应。

是获得向目标前进的动力还是陷入所谓的人际困局，区别可能就在于能否营造出回报和传递善意的氛围。

3 礼物选购 有策略

问清楚别人想要什么，
从低价值的商品中挑选
高品质的礼物。

假设你调查了一组人，问他们是否善于挑选最合适的礼物，送给要过生日的朋友或者即将退休的同事。你认为会得到什么样的回答？心理学家弗朗西斯卡·吉诺（Francesca Gino）和弗兰克·弗林（Frank Flynn）做过类似的调查，大部分受访者会说自己非常善于挑选礼物。

但如果你接着问受访者，他们的朋友、家人和同事是否善于挑选礼物，你可能会听到一些糟糕的例子：从质量可疑的“手工”毛衣到俗气的小饰品，再到各种无厘头搞笑的玩意儿，比如会唱歌的电子鱼。如果人们真像自己说的那样善于挑选礼物（事实完全相反），那么在拼趣[1]和脸书（Facebook）上就不会有那么多滑稽、恼人的礼物了。（在拼趣和脸书上搜索“糟糕的礼物”，将出现数千条实例。）

既然交换礼物是基于互惠规范的，那么为什么送礼人和收

① 拼趣（Pinterest）是美国的一个图片社交分享网站。——译者注

礼人对于礼物的品质、实用度和价值欣赏不能心有灵犀呢?

在一项研究中，研究人员请已婚夫妇回想他们送过他人的结婚礼物。一部分人要回想他们从新人的心愿单[①]上挑选的礼物，其他人要回想不在心愿单上的礼物。在他们给出答案后，研究人员改变方式，反问这些夫妇在自己婚礼当天收到的礼物。同样地，先问他们收到的心愿单上的礼物，然后是那些不在他们心愿单上的礼物。

大体上，人们送出的礼物价格相当（平均约 75 英镑），并且送礼人自认为，送出的礼物得到了收礼人的喜爱，不管礼物是否在对方的心愿单上。然而，当受访夫妇回忆收到的新婚礼物时，比起那些不在心愿单上的礼物，他们更喜爱心愿单上的礼物。

从某种程度上来说，这并不奇怪。筹备婚礼的新人可能更喜爱来自心愿单上的礼物，因为这些东西是他们的新家需要

① 心愿单，又叫作礼物清单（gift registry），是西方国家盛行的一种赠礼方式。在通常情况下，当收礼人汇编了他们希望收到的礼物列表，然后将其分发给家人和朋友时，他们就创建了一份心愿单。礼物登记清单是公开的，零售商或登记系统提供者会在物品被购买时，从列表中删除这些物品。登记管理人往往不会透露是谁购买了已登记的物品。在英国，礼物登记清单已成为婚礼的一部分，大多数百货公司都提供这项服务。——译者注

的——他们不希望有遗漏，也不希望有重复。毕竟，谁家需要三块奶酪板，或者两条会唱歌的电子鱼呢？

那如果送礼的情境变了呢？如果是送生日礼物而不是新婚礼物呢？研究人员对此做了相应的研究，发现结果是一样的。送礼人认为，收礼人收到礼物时的幸福感和对礼物的喜爱不取决于这份礼物是否是他想要的。但事实上，当人们收到自己心心念念的礼物时，他们会更快乐、更感激。

那么，最简单的方式就是在选择礼物时，让朋友和家人写下他们会喜欢的东西，然后根据清单购买。仅此而已吗？

没错，就是这么简单！

但这种做法也会引发困扰。送礼之前问朋友想要什么，是否意味着你对他们不够了解，无法为他们选择个性化的礼物呢？或者更糟糕的是，他们会不会以为，你不愿意花费时间、体力和精力去为他们寻找合适的礼物呢？

事实证明，这些担忧是毫无根据的。收到自己想要的礼物后，收礼人实际上会更加心怀感激，因为他们得到了真正想要的东西。所以，收礼人的喜爱程度至关重要。这不仅决定了他们在未来有多大动力回报我们，也影响着他们的幸福感。所以，当你为别人挑选礼物时，找到他们真正想要的东西，买下来并送出去，这是共赢的举动。收礼人心怀感激，送礼人如释重负，双方都很开心。

那么，你应该花多少钱买一件礼物呢？我们逐渐了解到，在生活中，你得到的与付出的往往成正比。因此，你花在礼物上的钱重要吗？答案是肯定的，但也许不是你想的那样。高价的礼物并不总是最受欢迎的。在某些特定的情况下，低价的礼物反而显得更贵重。

在一项研究中，研究人员向人们展示了两件礼物—— 一件相对便宜的羊毛外套（价值 55 英镑）和一条相对昂贵的围巾（价值 45 英镑）。尽管围巾的价格更低，但收礼人认为送围巾的人更加慷慨，这给送礼人提供了有益的启示。如果你想让朋友和家人觉得，你是一个既体贴又慷慨的人（而私下里还保持节俭），建议你从低价值的产品类别里购买高品质的礼物（比如 45 英镑的围巾），而不是从高价值的类别里购买低品质的礼物。这样做有几个好处：收到你礼物的人会更加感激；你的慷慨度评价提高了；还有，也许也是最重要，你避免了被贴上“廉价”的标签！

4 寻找连接点

多想想“我们”，而不是对立的“你”和“我”。

1914 年 12 月，欧洲仍处于有史以来最血腥的斗争中。西线战场上，敌对的两军近在咫尺，在许多地方甚至能听见对方的呼喊声。战争从几个星期延续到几个月，对峙双方的士兵之间也越来越熟悉。

渐渐地，两军之间的默契日益增进。先是双方有意地停火，以便对方士兵能够在夜里抬回阵亡战友的尸体。

第一次世界大战中传奇般的圣诞节休战[①]，就是在这些停火的基础上发生的。据说，在 1914 年圣诞节当天，敌对两军自发地宣告停火，这持续了几个小时。士兵们从战壕里爬出来，和“准敌人”踢起了足球。

个体之间，甚至是敌人之间，为了达到共同的目标而走到一起，这似乎与多数人认为的狗咬狗的进化思维相矛盾。难怪

① 圣诞节休战（Christmas Truce）指发生于第一次世界大战期间，从 1914 年圣诞节到 1915 年年初的那段时间，英德军队于各自驻扎的西线所发生的休战行为。——译者注

圣诞节休战成了最著名的战争传奇之一。在一个冲突与合作似乎截然对立的世界里，这段鼓舞人心的故事成为两军之间的一段插曲，它表明，即使是死对头也可以合作。

这种合作似乎很难，因为我们倾向于把自己和其他人分开来看。我们常常把“你”“我”分开来看，或者把“他们”“我们”分开来看，从而陷入部落心理，每个人都只为自己着想。但是，合作对于说服来说是至关重要的。如果我们把焦点放在两方的联系而不是隔阂上，合作就变得容易多了，你最终也容易说服对方。多站在“我们”的角度，而不是“你”“我”对立的角度。

圣诞节休战就是这样的例子。双方士兵共同的军人身份和对足球的共同热爱，至少在一段时间内，促成了他们之间的合作。因此，寻找合作基础，突出共同利益，时至今日依然是最有力的说服策略。

在一项设计精巧的研究中，英国心理学家马克·莱文（Mark Levine）让一群曼联（Manchester United）的铁杆球迷填写一份问卷，让他们写出喜欢自己球队的哪一点。然后，研究人员让他们走到第二栋楼，以完成下一阶段的研究。在途中，他们目睹了一个人（实验协助者）摔倒，并且看起来受了伤。伤者有时穿着一件普通的白色衬衫，有时穿着一件曼联的球衣，有时则穿着对手俱乐部的球衣。

秘密观察员拿着写字板站在旁边，随时记录有多少球迷停下来帮忙。当伤者穿着普通的白色衬衫时，略超过三分之一的人会帮忙。但是，当伤者穿的是曼联球衣时，大部分人都会停下来帮忙。不出意外，当伤者穿的是对手俱乐部的球衣时，帮忙的人最少。这清楚地证明，人们倾向于帮助那些他们认为属于自己群体的人。

庆幸的是，这项研究还表明，人们并没有那么狭隘，他们还是能被说服的，他们还是愿意和那些最初被他们视为局外人的人更多地合作的。再次做这项研究时，研究人员首先问曼联球迷为什么喜欢做球迷，而不单单是问他们喜欢自己球队哪一点，结果帮助穿对手俱乐部球衣的人的球迷人数是之前的两倍。

第一次世界大战中的圣诞节休战很可能是因为，在几个月徒劳无益的战斗之后，许多士兵开始觉得，敌阵的士兵与自己相似，大体上都是“疲惫战士”，而不再以“英国士兵”对

“德国士兵”来看待对方。在说服别人合作时，你可能面临的挑战尽管无法与上面的情况相比拟，但运作的基本规则是一样的。专注于把你们联系起来的共同目标，而不是你们之间的隔阂，你们的共同点就会越来越多。找到双方首先能达成一致的观点，并把它作为你们讨论的核心。这种方法看似浅显，但在讨论最激烈的时刻很容易被忽视。

另一种在你和他人之间建立合作关系的有效方法是积极邀请他们跟你一起做。假设，你在工作中想出了一个好方案。与其为了赢得所有赞誉孤军奋战，不如制订一份计划草案，然后把它交给同事，甚至老板，征求他们的意见。通过征求他们的意见，你便准备好了与他们合作，更重要的是，他们获得了在这个方案中的参与感。这种策略通常被称为宜家效应[①]（IKEA effect），这样命名是因为，对于自己参与创造的东西，人们会高估其价值——就像你或你的伴侣从宜家买来平板包装橱柜，自己将其组装得摇摇晃晃的一样。

① 宜家效应是指对于自己投入劳动和情感创造的物品，消费者会高估其价值，从而产生判断偏差。该词源于出售需要顾客自己动手组装的家具的宜家家具商店。——译者注

5

拒绝情绪影响

如果自己或他人情绪不稳定，你应该暂停或推迟做决策。

如果你追过美剧《欲望都市》(*Sex and the City*),你可能会记得在其中一集里,卡丽·布拉德肖(Carrie Bradshaw)和她的闺密萨曼莎(Samantha)在纽约市的街道上散步,萨曼莎的脚之前受了伤,还在恢复期,所以她走路一瘸一拐的。"啊!"萨曼莎突然大喊一声。卡丽心疼地问道:"亲爱的,既然那么疼,我们为什么要出来购物呢?"

"我受伤的是脚,不是志气!"萨曼莎反驳道。

很多人看到这里会表示同情。太多人把购物当作寻求慰藉和减轻悲痛的一种方式,但这未必是明智之举。我们都经历过情绪和状态对我们的行为和选择产生不利影响的时候,甚至导致我们最终做出的决定在当时看来似乎正确,但从长远来看,代价却要高得多。

谈到说服,一定要认识到情绪所起的重要作用。有很多研究关注情绪对决策过程的影响,特别是在购物和谈判方面。例如,在购买东西时,悲伤的情绪会对人们计划支出的数额产生重大影响。悲伤的买家往往会比情绪稳定的买家愿意支付更高的价格，而悲伤的卖家往往会比情绪稳定的卖家卖出更低的价格。一项研究要求两组人分别观看两部电影：一部能煽动情绪，使观众感到悲伤；另一部是很平静的关于鱼的电影。

之后，研究人员要求其中一组针对一系列不同的产品，给出他们愿意购买的价格，另一组给出他们愿意出售的价格。结果是，悲伤的买家比情绪稳定的买家，愿意多支付大约 30% 的金额。而悲伤的卖家比情绪稳定的卖家，愿意降低约三分之一的价格。悲伤的人似乎完全没有意识到自己做了这样的决定。他们不知道，自己被这些残存的悲伤情绪深深地影响了。

当然，悲伤并不是唯一会影响你表明观点或者说服他人的情绪，所有的情绪都会影响你的行为。回想一下你曾为一个机会的到来而感到兴奋的时刻。在这种情况下，人往往会过度关注有利的方面，而未能发现潜在的风险。相反，如果你感到焦虑，你也许会过度关注可能出现的问题，而最终错过一个真正的好机会。在其他所有条件相同的情况下，情绪稳定的人往往会做出更好的决策。

因此，在做重大决定、开启重要谈判，甚至是回复不太友好的电子邮件之前，先确定自己的情绪和状态是非常重要的。无论是与电话公司商议合约条款，还是购买新房，或者是参加面试，你的情绪都会牵涉其中。如果情绪不稳定，即使你相信自己的决策能力不会受到影响，你也应该考虑推迟与别人的会谈。这可能很难做到，但暂停一下，让自己恢复平静会很有帮助。随着情绪的稳定，你的思维会变得更清晰，表达的观点会更令人信服。

在工作中，如果你是那种大小会议不间断的人，而且不给自己留出时间停歇，那么这可能会给你自己带来伤害。我们的建议是，在下一场会议之前安排一段短暂的休息时间。这样，你在上一场会议中产生的任何情绪，会更少地带到下一场会议中。如果下一场会议涉及重大决定或者重要谈判，做到这一点就特别重要了。

在与朋友和家人的相处中也是如此。如果你在沮丧、焦虑、愤怒或其他负面情绪的影响下与他们进行讨论，你很快就会发现，一次看似简单的意见交流，会变成一场各不相让的争论。

当你试图影响其他人做决定时，也要意识到他们的情绪所起的作用。明知对方刚刚收到了不好的消息，你还尝试去说服；明知有些话题对方听了会不高兴，你还提及……这些做法都是不明智的，有时甚至是不道德的。如果你利用人们的消极情绪促使他们做出决定，往往会导致对方后悔并产生怨恨，这对长期关系的建立毫无益处。事实上，如果你要与刚刚经历消极事件的人谈判，而你提出推迟会谈，反而会加强你们的关系。你会因此显得更加高尚，更有爱心，也更有智慧。

任何一个想听到“Yes”多一点儿的人，都具备这些宝贵的品格。

6 被拒后让步

先提出高请求，再做出让步，对方更容易说“Yes”。

设想有一天，你沿着街道走路的时候，有一群陌生人走过来跟你打招呼，他们只是友好地微笑着，没有什么特别的地方。他们介绍自己是当地青年工人协会的成员，询问你是否愿意做青年中心的志愿者，在这个周末陪一群孩子去动物园。你考虑到自己计划好了周末活动，于是尽量避免与对方做眼神交流，并礼貌地拒绝了。你可能认为，这些工作人员说服路人参加志愿活动的工作就到此为止了。你也许是对的。以上描绘的情景实际上是一项研究。结果显示，只有一小部分被询问的路人愿意对这个请求说“Yes”。

与此同时，在街道的另一侧，还有一组青年中心的工作人员也在招募志愿者。这一组发现了一种方法，使同意在周末陪孩子们去动物园的人数增加了两倍。这种方法既不需要费钱的激励机制，也不需要针对特定的人群，而只需要工作人员对让步心理学有基本的了解。

“你愿意做中心的志愿辅导员吗？”他们会先这么问路人，

再解释说，项目要求志愿者在接下来的三年里，每个周末花两个小时做辅导工作。想象一下路人们听到这一请求时的反应。许多人都明确地表示了拒绝。

没有人愿意报名。但后来，出人意料的事情就发生了。

第一个请求被拒绝后，青年中心的工作人员并不气馁，他们紧接着提出了一个让步方案。“我知道，让您参加三年的志愿项目，这个承诺有些大。那么，要不您这个周末带孩子们去动物园吧？”

结果如何呢？答应的人数增加了三倍。

通过这项研究和其他相关研究，我们发现了一种现象，通常人们在拒绝一个较大的请求后，如果我们紧随其后提出一个较小的请求，他们更有可能答应。造成这种普遍现象的一个原因是，人们通常把让步和妥协看成一种馈赠。在第 1 章中，我们探讨过，人类——按照互惠规范——感到有一种社会义务，要把先前得到的东西回馈给别人。看来人类对这种义务的履行，不仅仅适用于礼物和恩惠，也适用于让步和妥协。

只要第一次提出的要求不是极端到令人难以置信，这种策略（被社会心理学家称为“拒绝后折中”的方法）就是最有效的。刻意夸大初次请求，使后续较小的请求“看起来”更容易接受——这种伎俩很可能被识破，从而导致被拒绝，但这并不是说，你就不应该大胆地提出初次请求。事实上，人们在试图说服别人时，所犯的一个常见错误就是不透露自己的真实期望。大多数时候，可能是为了避免被一口否决，人们会降低自己的期望，但这样做，反而会从两个方面削弱他们的整体说服力。

第一，人们可能会答应你的开场请求。这种情况不一定总会发生，但肯定会发生。另外，对于从来没有听过的请求，人们更容易答应。第二，根据“拒绝后折中”效应，一个紧随其后的让步请求更有可能获得默许。因此，如果你从小的请求开始，就只能得到小的结果，甚至更小的结果。

请注意“紧随其后”这个词。它可能听起来很平淡，但这个词经常被遗忘。在初次请求或提议被拒绝后，我们经常会先退却，舔舐伤口，再想出一个替代请求，改天再提出来。如果这样做，我们就错过了最有说服力的时机。我们自认为，这些请求是替代之前被拒绝的请求的，而被请求的人更有可能认为，它们是分开的、不同的请求。比如路人拒绝做长期志愿者这个较大请求后，如果几天后再请求他们带孩子们去动物园，就不太可能成功了。那些路人更有可能觉得，这些陌生人真烦人。

展示出你的专业性，更
让人觉得可信。

7 巧妙地展示自我

要想说服他人，具备一定的专业知识非常重要。即使在座的人中，你不是最资深的，你仍然可以展示自己具备一定的专业知识，了解准确事实，做了相关研究，从而控制讨论进程。但是，你也可能发现自己处于另外一种情况：显然，你是最资深、最懂行的那个人，但你不想表现出来，害怕会被贴上“无所不知”的标签。还有一种可能是，你的好想法和观点并未得到参会人员的重视，而导致其他人平庸的想法占据了上风。

赫敏·格兰杰[①]在霍格沃茨（Hogwarts）上学期间，就常常遇到这种情况。她经常受到同学们的责问，因为她总能说出正确的答案。特别是有一次，在黑魔法防御术（Defence against the Dark Arts）课堂上，教授讽刺的话语令她感到尴尬而沮丧：“格兰杰小姐，你真是一个令人无法忍受的万事通，你为此感到自豪吗？”

① 赫敏·格兰杰（Hermione Granger）是英国女作家 J. K. 罗琳所著“哈利·波特”魔幻系列小说的主人公之一。——编者注

如果你面临跟赫敏类似的情况，比如，你是最了解实情的人，希望为了大家的利益分享你的知识，同时又不希望别人不爱听，也不希望他们把你当作一个炫耀的人而对你置之不理。这时候，你应该怎么做？其实是有方法的。

有一家医院，无论护士多么努力地劝说病人为了健康要多锻炼，大多数护士发现，还是只有少数病人会遵从他们的嘱咐。而他们的医生同事似乎不会遇到这种情况。为什么病人就愿意听医生的话呢？是不是“医生”这个头衔在起作用？为了找出答案，护士们做了一项精巧的设计。他们决定把自己的文凭、证书和奖状挂在诊疗室的墙上。病人们是否会认为这些护士在炫耀呢？当然不会。事实上，听从护士建议加强锻炼的人反而多了，人数增长超过 30%。

通过墙上的履历，病人们可以看出护士是真实可信、有知识的专业人员。结果怎样呢？病人不遵从护士嘱咐的情况有了很大的改善。为什么呢？因为病人期望得到专业的指导，而环境中微妙的线索，比如墙上的文凭，可以帮助他们辨识这些专业人员。

然而，这种方法也是很微妙的。如果护士在病人面前炫耀自己的证书，证明自己有专业知识，那么就很可能被认为是自大，而不是专业。想让自己的建议得到重视，他们只需要将证明自己资质的东西呈现出来。对你来说也是同样的道理。在讲话之前，想办法介绍一下你的专业背景，可以让听众重视你所要讲的内容。因此，要确保在你的电子邮件签名处写上专业资格和职务。在名片上印上你的学位，以及任何行业或专业团体的会员资格。更新你在领英上的个人简介，写上你最近参与的案例研究和项目。确保你的个人网站上有简历链接。甚至可以考虑，在同行关注的行业杂志或网站上发表一些文章。

当然，有时候要展示专业性可能会很棘手。比如，在观众面前做展示的时候，或者向一屋子的同事推介想法的时候。在表明观点之前，列出你引人瞩目但充满自我吹嘘意味的履历供观众审阅，似乎不太可能奏效。这样做可能会展现你的专业水平，但也可能会被认为是自吹自擂。既然不能简单粗暴地自我推销，你该怎么证明自己的可信度和专业水平呢？

一种方法是让别人来介绍你。多年来，演讲和演出活动中广泛地采用了这一方法。通常在发言人和表演者上场之前，先会有人介绍他们。介绍可能只是几句话（你自己很容易就能写出来），但它能发挥奇效，让你的观众进入状态，准备好接收即将到来的重要信息。这样还能避免公然的自我吹嘘可能造成的影响。如果你与商业伙伴一起竞标，或者争取一个客户项目，请合作伙伴先介绍你——然后你再介绍他。当发送推销邮件时，要附上老客户的书面背书。

一组房地产经纪人要求客服人员在回答顾客的咨询时，向顾客传达出经纪人的专业性。把“我帮您接通销售部门的桑德拉”改为“我帮您转到我们的销售主管桑德拉，她有 15 年以上的房产销售经验”后，这一组的预约数和签单数有了迅速提升。

实际上，不一定要坐在驾驶座上才能掌握行进的方向。在讲话前，通过巧妙的安排，让别人知道你对当前的主题有专业判断，从而显示出你学识渊博。这样，你就能说服别人跟随你指引的方向。

公开承认小错误，会让你显得更加真实可靠。

8 缺陷也完美

根据日本古典的侘寂哲学，缺陷也是一种美。侘寂是一种在不完美、不恒久和不完整中，发现和欣赏美的审美世界观。

自己种过菜、做过家具，或者仅仅烤过饼干的人都会认识到，不完美中也有美。比如：自家种的弯弯曲曲的胡萝卜，略微倾斜的椅子，形状怪异、凹凸不平的巧克力饼干。鉴于我们常常对自己创造的东西赋予相当高的价值，我们更有可能接受它们的全部——包括缺点。

虽然人们愿意接受一个物体的缺陷，甚至从中发现美，但如果涉及自身的弱势和缺点，则很少有人愿意接受。工作面试就是一个很好的例子。多数应聘者面临这样紧张的时刻，难免会把自己的技能和专业知识描述得近乎完美，希望以此打动未来的雇主。他们把脱颖而出视为当务之急，认为自己需要表现得能完美契合这个职位，容不得半点儿瑕疵。

但精明的雇主也明白这一点。因此，他们经常会在面试中询问应聘者的缺点。为了避免暴露自己最大的缺点，应聘者会承认自己是一个“完美主义者”或者“工作狂”，诸如此类的回答司空见惯。因为应聘者认为时机未到，不能现在就连同缺点一起，把真实的自己展示出来。

但时机真的未到吗？

心理学研究表明，在某些情况下，坦白自己的缺点能够让我们处于有利形势。

大约在 50 年前，有人做了一项经典的实验，不仅证明了上述观点的反直觉性，而且证明它在当今这个更为复杂和不确定的世界中依然有效。在实验中，研究人员要求受试者听两个人在测验中回答问题的录音。在 10 个问题中，一个人会例行地答对大约 9 个，另一个人只答对大约一半。听完录音后，研究人员要求受试者对参加测验的两人的能力和受欢迎度进行评价。结果不出所料，与答错一半的人相比，取得优异成绩的人被认为更有能力、更受欢迎。

这项研究中有趣的地方是，一些受试者被告知，成绩好的人在答题时竟然把咖啡洒到了自己身上，场面相当尴尬。听到这一错误后，受试者对他的能力和受欢迎度评价进一步提高了。但是，当受试者被告知把咖啡洒在身上的是那些成绩差的人时，受试者对这些人的受欢迎度和能力评价就一下跌到了谷底。

对于表现优异的人来说，承认一个错误似乎可以进一步激发别人对他们的好感（我们将在第12章讨论更多关于赢得好感的内容）。但对于表现较差的人来说，同样的错误使得人们对他们的评价更低了。心理学家称这种现象为“出丑效应”[①]。它描述了人们在承认错误后，吸引力是如何增加的，但前提是，他们得是相对有能力的人。

缺点似乎能成为优势。没有人是完美的，每个人都知道这一点。因此，接受自己较小的缺点可以大大提升你的影响力。当然，这取决于你承认的缺点的类型。把咖啡洒在自己身上是一种常见的、相对较小的错误，只表明你是个会失误的普通人。但是，在求职面试中，如果你承认曾经把咖啡洒在老板身上，或者更糟糕的是，把咖啡洒在公司服务器上，导致了网络中断，这就很可能被认为是一个较大的错误，会对你不利。

① 出丑效应是指个体犯错误后，人际吸引力增加或减少的趋势，这取决于个体在一般意义上表现出的能力强弱。一般来说，能力很强的人在犯了错误后，会被认为更讨人喜欢；而普通的人犯了错误后，就会被认为更不讨人喜欢。——译者注

所以，在试图说服别人时，建议你做一个愿意承认小错误的人。这样做可以证明你跟其他人一样会犯错误。在会议开始前，公开自己的一个小缺点，使其他人深入感受我们的真诚和可靠，也使他们放松下来，更能听进我们的话。所以在求职面试中，当被问到自己的缺点时，好的做法是承认一个真实的、小的缺点，不见得是有害的缺点，而且它是可以通过行动改掉的。在面试时，主动提及你在个人发展上着力改进的地方也是一个不错的选择，不必等面试官问出那个致命的问题："告诉我你的缺点。"

正如侘寂思想所指出的，缺点并不是需要掩盖的瑕疵，而是我们自身的一个方面，它或许塑造着我们的性格，或许使我们在别人的眼中显得更有人情味。就像一本翻旧了的书，一个有缺口的茶杯，或者一件打了补丁的套衫，有缺点同样吸引人。

开口求助不仅是
一种赋权，更是
一种解放。

9 关键是开口

本杰明·富兰克林（Benjamin Franklin）是美利坚合众国的开国元勋之一，也是一位才华横溢的人。在其一生中，他把自己高超的本领投入了各项事业。他是作家、印刷工人、邮政局长、发明家和幽默大师。此外，他还是社会活动家、政治家和外交家。

他也是一位很厉害的说服者——他常常将此归因于自己愿意开口向他人求助。

他很喜欢讲一个故事。有一次，他写信给一个政治上的竞争对手，向对方借一本罕见而珍贵的书，竟因此赢得了对方的好感。不久之后，富兰克林发现，这位平时固执、常常充满敌意的绅士，在议会里找到他，第一次对他说话彬彬有礼，充满敬意。

富兰克林明智的地方在于，他意识到，在某些情况下，开口求助可以有效地建立人与人之间的联系，并最终说服对方支持你。

但如果你不能像本杰明·富兰克林一样，该怎么办？如果你是一个普通人，害怕向冷淡的同事开口求助，该怎么办？或者，你宁愿固执地自己扛下任务，也不愿向暴脾气的邻居或家人求助，该怎么办？还有其他“与开口有关”的情形，比如，在公共汽车上，你远远看到心仪的帅气男生或漂亮女生，想请他 / 她喝杯咖啡，却没有勇气开口，该怎么办？

对于许多人来说，开口前就已经望而却步。如果你认为开口提要求是一件冒险的事情——害怕被拒绝，自己会难堪，那么，下面这则好消息能让你安心。无数科学研究证明：开口请求不仅是一种赋权，更是一种解放。

德高望重的心理学家弗兰克·弗林和瓦妮莎·博恩斯（Vanessa Bohns）研究过许多不同类型的请求：募捐善款、向陌生人借手机，甚至请人填写冗长的问卷等。在每一种情况下，他们首先让受试者预测这些请求得到同意的可能性。

在大多数情况下，受试者低估了这些请求的成功率——比实际的成功率低一半左右。

我们通常会低估别人答应我们请求的可能性，其中一个原因与我们的关注点有关。请求者倾向于考虑对方答应请求需要付出的经济成本，比如时间。相比之下，潜在的帮助者更倾向于考虑自己拒绝请求需要承担的社会成本。那么，一个简单的事实就浮出了水面：人们远比我们预期的更容易答应帮忙。如果不懂得开口求助，结果是什么呢？错过了商业机遇，失去了潜在客户，浪费了社交机会。

除了低估别人说“Yes”的可能性，许多人还认为，寻求帮助会削弱自己的地位。这往往也是一种误解。

我们都坐过别人（司机很可能是男性）的车，司机可能在错误的方向上行驶数英里[1]，也不会停车问问方向。也许他们认为，求助是软弱的表现。但那种短暂的软弱感（承认自己迷了路），实际能通往更有利的形势。司机迷路正是获取关键帮助的机会，获取帮助才能使他们回到通往目的地的正确道路上。

因此，与其把开口求助看作一种限制，不如把它看作一种授权，这样效率要高得多。这样想应该能让某些人感到安慰，特别是那些处境困难的人——经济拮据、被霸凌、被骚扰——可能会觉得，开口求助会让自己蒙羞。

那些举手提问的学生，即便自己觉得问的问题很愚蠢，也得到了提升。第一，他们会获得对学习来说必要的额外知识。第二，他们会得到同学们的感谢，因为许多同学也有同样的困

① 1 英里约为 1.6 千米。——编者注

惑，但是没有开口问。这些同学随后更有可能对提问者产生一些义务感和互惠感。

如果你仍然不相信开口求助的巨大力量，那么托马斯·吉洛维奇（Thomas Gilovich）和维多利亚·赫斯特德·梅德维克（Victoria Husted Medvec）开展并发表在《人格与社会心理学杂志》（*Journal of Personality and Social Psychology*）上的研究可能会改变你的想法。吉洛维奇和梅德维克发现，对于大多数人来说，因为没有采取行动而造成的遗憾是有时间规律的。简单地说，任何因为开口求助或被他人拒绝而产生的尴尬、为难或痛苦的感觉，往往都是强烈而短暂的。就像被蜜蜂蜇了一样，会刺痛几分钟，但很快就会消退。

相反，一个人因为没有开口求助而感到的遗憾是完全不同的。不像短暂的刺痛，这种遗憾更多的是一种隐隐作痛，它会持续更长的时间。就像在你的脑海里，有一张坏了的唱片，反复播放着“要是当初开口问了……该多好”。

有了这么多理由让你放心去开口请求，也许是时候去和那个冷漠的同事或者脾气暴躁的邻居谈谈了吧。当然，这需要一些勇气，甚至可以喝一口烈酒壮壮胆，但绝对值得一试！

10 主动和陌生人聊天

如果你想拓展人脉、
寻找机会，那就去和
别人聊天。

人类是最具社会性的生物。当我们感受到与他人紧密联系在一起时，我们的幸福感就会提升。相反，当我们被孤立或被边缘化时，就会感到不快乐。虽然与他人紧密联系的好处很多，但是在人多的场合，我们却往往更注重独处，这或许有些令人费解。

比如，在大型会议、社交活动，或是酒吧、酒店大堂的招待会上，你是那种喜欢独处的人吗？还是说，你是那种“社交型”的人，你会寻求与他人建立联系，时刻留心结识有趣的新朋友？如果幸运的话，有些人可能会成为对你有用的联系人，甚至是长久的朋友。

如果你更像后者，那么恭喜你。很可能是你的沟通技巧使你更善于建立人际关系、社会关系，也相应地提高了你的影响力。此外，像你这样的人可能是少数。

实际上，大多数人都会刻意地保持独处。如果你是这样的人，那么你可能会有兴趣了解一下相关研究。这类研究清楚地表明，与他人接触有很大的好处。简而言之，如果你想拓展人际关系，寻找潜在机会，很简单，去聊天就行了。

但是，跟一个陌生人攀谈是很难的，对吧？甚至会有风险。这样做显然也有悖于许多社会规范。这主要有几个原因。

心理学上有个概念叫作“低人性化”[①]，这个词很长，但意思很简单，它表示人们通常坚信别人不如自己有人情味。这可能听起来既令人震惊又自命不凡，但从某种角度来看，这个概念还是有道理的。显然，相对于其他人的想法、愿望、意图和行为，我们更明白自己的想法、愿望、意图和行为。因此，面对一个可能会不礼貌又难以捉摸的陌生人，即便有机会与他们交谈，我们通常也会选择远离，而不是靠近。而我们大都不会意识到，对方可能有同样的想法。

当然也有另外一种可能。如果我们一咬牙，开始与陌生人攀谈，可能很快就会发现，实际上对方很不友好。或者更糟，对方可能认为我们也很不友好！

也有技术方面的原因。如今，有这么多科技产物方便人

① 低人性化，或者叫“亚人性化”，是指一个人默认自己所属的内部群体比外部群体更具有人性。——译者注

与人联系，人们很容易就会忽视最基本的、真实生活中的人际关系。

无论是什么原因导致我们不愿与陌生人面对面接触，行为科学家的研究还是给出了令人信服的证据，证明那些能做到与陌生人接触的人获益良多。

在一项实验中，研究人员在火车站寻找上班路上的通勤者，将其作为实验对象。实验的重点是，选定的车站是起点站，这意味着受试的乘客将登上一列相对较空的列车，也因此更有可能选择一个远离其他乘客的座位（人们通常都会这样做），而不会选择坐到一个陌生人旁边。在同意参加这项研究后，一些乘客被要求在上班途中与陌生人进行一次交谈，并在谈话中尝试找出一些关于对方的有趣之处，还要告诉对方一些关于他们自己的事情。另一组通勤者则被明确要求，在旅途中不能与任何人交流，保持独处。在旅程结束后，每个人都要完成一份调查报告并寄回。

从火车到公共汽车，从候车室到候机楼，存在一种普遍现象。报告显示，与那些被要求独处的人相比，跟陌生人交流的人表示，他们度过了一段更有积极意义的旅程。交谈平均持续了大约 14 分钟，而且被评价为“很愉快”，这与通勤者之前预测的与陌生人交流会产生的感觉形成了鲜明的对比。许多人还认为，尝试与同行的乘客开始交谈，会面临很大的社交排斥风险。但是，该研究中的 118 名受试者无一人被拒绝，这与第 9 章中的论点是一致的。

你可能会认为，通勤并不是聊天的好时机，而适合用来查看电子邮件、阅读报告，或者处理其他工作事务。但研究人员发现，与同行的乘客交谈并不会对工作效率造成多大影响。

这一经验的应用远远超出了通勤的范畴。同样的方法也适用于更为传统的社交情景，比如会议、社会活动和聚会。在会议或活动开始之前，我们常常会找些事情做，以此来填补空闲的等待时间。但是，下次你在遇到这种情况的时候，试着把手机、报告、电子阅读器或电脑收起来，开始与你旁边的人聊天。这是一种最直接的方法，可以让你拓展社会关系，建立紧密联系，增强个人说服力。

放心吧，如果最开始的谈话以了解对方，发现对方的有趣之处为目的，拒绝交谈这种事情实际上很少会发生。

11 人性的力量

故事胜过事实，
人性胜过数据。

1947 年夏的印巴分治，在一夜之间使亲朋失散、社区瓦解。对于一个叫巴尔德夫（Baldev）的小男孩来说，这意味着他再也不能和朋友尤素福（Yusuf）一起放风筝了。巴尔德夫将远离拉合尔（巴基斯坦城市），想再见到他的朋友几乎无望。

66 年后，巴尔德夫和他的孙女坐在印度的一家咖啡馆里，翻阅着一本旧剪贴簿，里面塞满了褪色的照片，是巴尔德夫和他失散多年的朋友小时候的照片。

看着爷爷，孙女暗下决心要找到尤素福。凭着韧性和坚持，借助智能的互联网搜索，她找到了尤素福的孙子。她联系上他，两人一起制订了一个计划。

听到敲门声，巴尔德夫应声去开门。他没有一眼认出老朋友。“生日快乐，我的老朋友。”一个熟悉的声音说道。60 多年的分别化作两人紧紧的拥抱。看着两位因为国界而分离的老朋友因为情感而紧密联系，机智的孙儿们不禁热泪盈眶。

这个暖心的故事发生在印巴历史上的那段悲剧时期。暂且不论这段历史，这个故事其实是谷歌（Google）一条广告的分场景描述，谷歌将其搜索引擎定位为：发现和连接的渠道。谷歌没有用事实和统计数据来制作广告，而是用了说服力科学家和广告商几十年前就知道的一条基本真理：在说服观众方面，故事胜于事实，人性胜于数据。

显然，对人性化的说服效果的应用远远超出广告领域。聪明的政客会为他们的竞选编造“故事”。他们知道，相比于解释自己福利改革的详细计划，一位贫困的单身母亲的故事更能让选民认同他们的执政理念。最优秀的教师，首先得是会讲故事的人，其次才是教育者。

从政治演说到 TED 演讲，成功的说服者明白，提供信息和事实很少能打动观众，但是讲述人的故事可以。一条充满人性的信息或建议，往往胜过任何数量的客观信息和数据。即使你的听众特别钟爱事实和数据，情况也是如此。

以医学工作为例，从业者以精通专业知识、秉承客观态度为荣，他们追求崇高的目标：无论病人的病情、状态或社会阶层如何，他们都为病人提供同等水平的医疗和护理。但是，工作会令人感到乏味——医生或医疗顾问也不例外。如果通过某种方式提醒医务人员，他们诊断的病案关系到一个实实在在的人，效果会如何呢？

一项特别的医学研究调查了这个问题。如果在病人的X光片或CT（电子计算机断层扫描）成像结果上附一张病人的照片，医生是否会变得更有同理心？也就是说，医生是否会对病人的病情进行更彻底的分析，安排更多的检查，查明更多的异常？根据大量病人的反馈来看，医生是会这样做的。这再次证明了人性化的信息所具备的说服力。

那么，为什么一条人性化的信息会改变我们对它的态度、观念和反应呢？为什么我们经常会被善于讲故事的人摆布呢？心理学家认为，当接触基于逻辑和事实的观点时，我们容易对听到的内容自然地产生怀疑和批判。但是人性化的信息从根本上改变了我们处理信息的方式。故事有带入感，能让观众与故事中的人物产生联系，从而使观众更容易接受故事中隐含的信息。事实上，人性化的信息和呼吁能够“蛊惑”观众，以至于观众从中发现错误的能力都被削弱了。如此看来，除了在情感上被打动，我们的智力也变得毫无防备。

在说服别人的时候，这条经验很明确。想通过平静地展示数据、成本和收益来影响和说服别人，这与调动人的情绪和状态背道而驰。因此，做提案的时候，不要只谈论冰冷的事实，也要谈论更温暖、更柔情的人的故事。为什么老板要关心你提出的新计划？它将如何改变世界或者影响人们的生活？当它实现时，人们会有何感想？

说服一个人、整个办公室的人、整个家庭，或者全世界的人，方法似乎都一样，那就是利用人性。

12 喜欢源自相似

对于和自己相似的人，人们更容易说“Yes”。

"异性相吸"和"物以类聚，人以群分"，你一定对这两种说法耳熟能详。你也许随即能想出一个或多个例子证明这两句话都是对的。你可能回想起在一次聚会上遇到的一对夫妇，因为他们两人如此不同而让你印象深刻。尽管如此，你告诉自己（和其他人），他们俩能在一起，就是因为"异性相吸"。也许在同一次聚会上，你还遇到了另一对夫妇。两人话语投机，举止默契。当你看到他们时，你会立刻认定，他们俩不仅是一对，而且注定要在一起。因为他们是同一类人，所以走到了一起。

出现这两种情况都不奇怪。我们能想到"异性相吸"的例子，也能想到"物以类聚，人以群分"的例子。但是，两者是非常不同的。一个观点认为，人们会因为彼此不同而喜欢对方；另一个观点则认为，人们会因为彼此相似，而对对方有更积极的看法。那么，究竟是因为哪一个呢？是相似还是不同？

要回答这个问题，我们得追溯到 1993 年夏。美国伊利诺伊州有一个昆西镇，坐落在密西西比河沿岸。镇子很小，只居住着大约 4 万人。人们亲切地称它为“宝石城”，不是因为那里藏有钻石和红宝石——根本就没有——而是因为那里土地肥沃，为早期居民带来了繁荣。

1993 年夏，密西西比河泛滥，造成了严重的灾难。好几个城镇受到了洪水的破坏，昆西镇就是其中之一。为应对灾害，数百名居民夜以继日地工作，搬运数以千计的沙袋，筑起屏障以阻挡洪水。一切都显得黯淡渺茫，电力供应和食物补给在不断地减少。疲劳和悲观情绪快速蔓延，甚至比洪水的上涨速度还要快。

在黑暗时刻，任何微小的好消息都会给担惊受怕的人们带来光明，哪怕只是持续片刻。其间有一个令人振奋的时刻是，人们得知，1 000 多英里以外马萨诸塞州的一个城市的居民协会捐赠了一大笔钱给昆西镇。

为什么一个 1 000 英里之外的城市，会对一个很少有人知道或者听说过的小镇，给予如此慷慨的捐赠呢？其他许多城镇也受到了洪水的影响，为什么人们只帮昆西镇呢？为什么捐赠不是来自新英格兰州呢？这里的答案很耐人寻味，它涉及一个共同的名字，就是捐赠的这个马萨诸塞州的城市，也叫昆西。一个看似不相干的相似之处，足以使马萨诸塞州昆西市的居民感受到与伊利诺伊州昆西镇居民之间的联系。

看似不相干的相似之处，其实是息息相关的。这是人与人之间关系的一个基本特征，也是说服力的一个基本特征。我们更喜欢那些和我们有相似之处的人，也感到与他们有更多的联系。"异性"有时候"相吸"没错，但是"物以类聚，人以群分"的情况更普遍。你更加想不到，"物以类聚，人以群分"的理念如此深入人心，以至于当我们听说，那些与我们相似的人遭人讨厌，甚至受人诟病时，我们还是会喜欢他们。

格里高利·拉斯普京（Grigori Rasputin）号称"俄罗斯帝国的疯狂神父"，他利用自己的宗教地位剥削他人，无耻之行臭名昭著。在阅读一段关于他的描述后，研究人员要求受试者对他的受欢迎程度进行评价。毫不奇怪，大多数人都评价他是明显令人讨厌的。但是，有一组人对他颇有好感。为什么呢？原来，在研究开始前，研究人员告诉这些受试者，他们碰巧和拉斯普京同一天生日。在有相似点的情况下，即使是最邪恶的人，看起来也没那么邪恶了。这就是相似性的力量，以及它对我们是否喜欢一个人的影响。

那这对我们有什么启发呢？好吧，通过几十年的研究，我们明白了一件事：人们更愿意对自己喜欢的人说“Yes”。而如果别人对我们的喜欢程度与我们和他们的相似程度密不可分，那么只要展示一些共性，他们就更有可能接受我们并被我们说服。

当心理学家向一组陌生人发放调查问卷时，有些人还收到了发信人写的一张字条，字条上落款的名字与收信人的名字或多或少有些相似。例如，一个叫罗伯特·格里尔（Robert Greer）的人，可能收到一个叫鲍勃·格雷格尔（Bob Gregar）的人发送的问卷；一个叫辛西娅·约翰斯顿（Cynthia Johnston）的女士，可能收到一个叫辛迪·约翰逊（Cindy Johanson）的人发送的问卷。在其他人收到的便条上，落款名字与收信人没有相似之处。与那些名字完全不同的收信人相比，那些名字相似的收信人完成并寄回问卷的可能性高了近一倍。在后续的调研中，没有一位收信人认为自己完成问卷是因为发信人的姓名与自己的相似。这表明，名字的相似性是有说服力的，而且很微妙，它在人们决定喜欢谁、愿意帮助谁的时候给出了暗示。

触发相似性的不仅仅是名字，还有共同的兴趣、相似的价值观、共同的爱好、相似的品位。只要是真实的，所有这些都可能转变成相似性，使两个人更有可能和谐相处。在工作面试中、约会网站上，或者一项活动里都有可能出现这种情况。随着喜爱程度的增加，联系也会随之加强，说服力也会随之提高。

这条经验很明确。真正高效的说服者在提出要求之前，会花时间寻找自己与对方真正的相似之处并讲出来。围绕对方的个人背景或兴趣爱好，问一些适当的问题，或者快速地到网上查一查，找出你和对方的相似之处，都会让你的说服能力大幅提升。

那“异性相吸”呢？当然，有时候还是存在这种情况的。但要想让他人说“Yes”，往往是寻找相似性这个办法更直接、更有效。

13 称赞可取之处

在提出请求前称赞他人，成功率会更高。

我有一个女性朋友曾经花大半个晚上在外头，向愿意倾听的朋友吐槽她讨厌的一位同事。在她的倾诉中，诸如“令人讨厌”“固执”“不合作”之类的字眼十分突出。随着夜渐深、酒穿肠，她鄙夷那个可恶同事的话语中的用词更加“丰富”了。当然在这里就不宜重复了。若倾听的朋友随意插句话，说“此人身上一定有什么可取之处”，只会引发她又一大段猛烈的抨击。总而言之，这位“可恶”的同事，短时间内不会出现在她的圣诞贺卡名单上了。

你也许会注意到，尽管不是每个人都会遇到，但在人生中的某些时刻，很可能会出现一个你不喜欢但又必须与之相处的人。无论是好打听、爱挑剔的岳父岳母，还是难相处的同事，不管你在别人面前嘲笑、贬低他们的时候有多解气，都改变不了一个简单的事实：到第二天，你仍将面临挑战，那就是要考虑在不可避免地要与这些人打交道时，如何顺利地度过。就上面那位女性而言，她是在令人沮丧的宿醉中度过的！

那么，如果遇到这种情况，你又能做些什么呢？常规的建议是，躲避或忽视这样的人。但这往往说起来容易做起来难，尤其是当这个人是你的同事或者是你需要维护的客户时。幸运的是，说服研究者发现了另一种可能有效的策略。诚然，这是一种比回避对方更加棘手的策略，有点儿违反常理，甚至可能需要点儿勇气。因为，它要求你从不喜欢的这个人身上寻找可取之处，并告诉对方。

这种方法虽然有效，但很难实施，其中一个原因是，我们通常会发现自己很难去称赞我们不看好的那些人。找出理由支持我们当前的观点往往容易，找出反对的理由却要难得多。但是，如果你已经到了不得不这么做的地步，为了有效地使用这种方法，你需要采取两个步骤。

第一，你要认识到，不管你是怎么想的，也不管别人对你说了什么，每个人（是的，甚至是你讨厌的人）都至少有一个可取的品质或特征。尽管很难想象，但在某个地方的某个人，可能喜欢他们，钦佩他们，爱他们。第二，在确定了这种可取的品质或特征之后，你需要找到方法把它讲出来。这里需要重点注意，你所寻找的优点，并不一定要关于这个人本身（对于某些人来说，寻找他的优点也无妨）。赞美他们的工作方式、成功的经历，甚至是他们在生活中做过的令人敬佩的事情就足够了。你可能会惊讶地发现，一个平时在办公室里表现得讨厌、自恋、可恶的白痴，在业余时间里，却是一个热心的慈善工作者、一个很棒的厨师或一个孝顺的儿子。

如果说让你在讨厌的人身上寻找可取之处并告诉他们，就能让你们成为“永远的好朋友”，肯定是无稽之谈，但这种方法肯定有助于缓解紧张的关系，而且可能让你成功地说服对方。为什么？因为通过寻找他人的可取之处，我们可能会发现一些重要的事情：他们（至少在某些方面）实际上是讨人喜欢的。

我们从第 12 章中了解到，人们通常更倾向于对自己喜欢的人说“Yes”。与此同时，我们也特别倾向于对喜欢我们的那些人说“Yes”。

一项研究发现，如果有人在称赞了同事之后立即提出请求，同事更有可能对此人的请求做出积极回应。不管请求者是否讨人喜欢，这种请求的成功率都会高一些。正是请求者通过一句称赞的话，表现出他们看到了对方好的一面，这才提高了他们说服对方的成功率。

这种情况并非个例。大量研究一致表明，告诉别人你喜欢他们并真诚地称赞，是非常有效的。服务员称赞客人会点菜，可以得到更多小费；发型师告诉客户，他们非常喜欢客户的新发型，得到的小费会更多。即便人们知道对方在刻意奉承，必有所图，这种方法依然奏效。

当然，我们不是在鼓吹虚伪的奉承或奴性。只要真诚地使用“魅力与征服”（指“称赞后说服”）策略，就可以收获额外的好处。对于你觉得难相处的那些人，关注他们身上值得称赞的品质，实际上可能会让你更喜欢他们。我们对他人看法的一个主要来源，是从我们的行为中反映出来的。通过思考别人值得喜欢的特征，我们不仅以积极的方式重塑他们，而且，即使是对一个难相处的人来说，口头称赞的行为也能让我们看待他们的方式产生积极的变化。

因此，与其泛泛地夸别人有魅力（既常规又生硬），倒不如试试下面的建议。寻找一个人真正值得喜欢的特点，想办法在跟他交谈的时候讲出来。我想，本书的读者可能已经知道这种方法了，毕竟你们是最有眼光、最有智慧、最有魅力的一群人。

14

给他人贴标签

在向他人提出请求前，贴上一个有关特质、态度、信念的标签。

很久以前（说得确切点儿，是大约35年前），在一个遥远的星系，卢克·天行者[①]赢得了终极形式的服从：他说服达斯·维达（Darth Vader）背叛了邪恶的皇帝，并在这个过程中拯救了自己的生命，使银河系重获希望与和平。天行者之所以能够实现这样感人的结局，是因为他使用了一个简单但很强大的策略。长期以来，说服科学家一直在研究这一策略。

天行者使用的策略在心理学上被称为“标签效应”，它是指先给某人分派一个特质、态度、信念或其他内容的标签，然后向这个人提出与标签一致的请求。在影片《星球大战6：绝地归来》（*Return of the Jedi*）中，天行者转向达斯·维达说：“我知道你还有善良的一面。你有善良的一面，我能感觉到。”乍一看，光靠这些简单的话语，似乎不可能在维达的心里埋下改变的种子，但是，心理学研究的结论是非常明确的，给人们

① 卢克·天行者（Luke Skywalker）是著名科幻电影“星球大战”系列中的主要人物。——编者注

贴标签，会对他们随后的行为产生巨大的影响。

以选举为例。毋庸置疑，在任何民主国家，行使投票权是公民的一项重要权利。几个世纪以来，战乱频发，数百万人为了争取话语权而牺牲。尽管如此，仍有数百万人未能在选举日行使投票权。在人们确定要去投票之后，立即给他们贴上一个他们喜欢的标签，会不会对他们的投票行为产生影响？为了确认这个问题，美国的研究人员进行了一项非常有趣的实验。大量的潜在选民接受了采访，被问及他们是否计划在 2008 年的选举日投票，当时贝拉克·奥巴马（Barack Obama）和约翰·麦凯恩（John McCain）正在竞选总统。然后，根据选民的回答，当中的一半人被告知，他们是“确实有意投票的好公民”。另一半则被告知，他们对于行使投票权的认识和行动意愿“大约在普通公民的水平”。

随后，研究人员统计了两组人的实际投票率，发现被贴上“好公民”标签的那些人，不仅比被贴上“普通”标签的那些人相信自己更“好”，而且在一周后的选举中，实际投票率也高了 15%。

事实证明，贴标签的策略不仅在政治领域有效，在卢克·天行者推翻邪恶皇帝时有效，在你施展说服力的时候，也可以用上。可以运用这种策略的方式也有很多。假设你们组有一个人的工作进度落后了，这意味着你们组一起做的项目落后于原定计划。同时，同组的其他几个同事，给这个竭力追赶的员工贴上了完全错误的标签，比如“她总是赶不上截止日期”，或者“他太不可靠了，你永远不要相信他会说到做到”等，这些标签对此人没有任何帮助。因而，这个团队成员对自己的能力就会瞬间失去信心。

对此，一种有效的办法是，假设你相信这个人是有能力完成这项任务的，那就强调他们是多么努力地工作，多么坚持不懈。你甚至可以提到之前的例子，指出他们当时如何战胜了类似的挑战，并成功地完成了任务。一旦你这样做了，你就要明确地给他们贴一个积极有益的标签，让它与你所说的内容一致，这一点很重要。比如“这就是为什么我知道，我们能扳回这一局，会按时完成任务”或“我一直认为你是一个可靠的人”之类的标签。

再比如，你想说服一个朋友和你一起去背包旅行，或者陪你去一个泥泞的周末音乐节。如果是这样，那么在你提出去冒险的请求之前，强调他们是具有冒险精神和心态豁达的人可能是个好主意。有时，甚至没有必要给某人贴上理想特质的标签，只要简单地鼓励他们“自我标榜”，让他们认定自己确实拥有这些理想特质，就足够了。在要求人们品尝一种新款饮料之前，研究人员问他们“你认为自己是一个喜欢尝试新鲜事物的冒险者吗”，结果有 76% 的人同意品尝。你要知道，如果没有问这个鼓励“自我标榜”的问题，就只有 33% 的人同意品尝。对比结果令人吃惊。

其他研究发现，在要求他人帮忙完成一项任务之前，问他们“你认为自己是一个乐于助人的人吗”，求助成功率就可以从 29% 提高到 77%。似乎通过问一些问题，引导人们有目的地探究他们记忆中与你即将提出的要求相一致的行为方式，有时就足以激发他们的积极性。无论是成人还是儿童，当你期望对方做出理想的行为时，这种方法是有效的。例如，我们研究发现，如果老师告诉孩子们，他们让老师想起了其他好好写字的学生，这些孩子就会花更多的时间练习写字。即使孩子们以为没有人在旁边观看，他们也会继续练习。

当然，说服也有“阴暗的一面”。这本书中概述的策略也可能被用来做坏事而不是好事。尽管这些策略可能很诱人，但我们始终只提倡遵守道德地使用它们。因此，在给别人贴标签时，一定要真实地反映对方的能力、经历、个性化的特质、态度、信念和行动，一定要把你想鼓励的特质赋予对方。相信你绝不会为了达到邪恶的目的而使用这些策略的。

当然，我们发觉得更多的是你善良的一面。

"因为"这个词极具说服力，它能提高别人说"Yes"的可能性。

15 给出强有力的理由

说服孩子别看电视，去做作业，不算一件容易的事。说服伴侣洗碗，要求室友轮流倒垃圾，或者在赶航班时，恳求陌生人允许你插队提前过安检，都不是容易的事。

当你面对这样的挑战时，毋庸置疑，为自己的要求找到一个正当的理由是很重要的。但你可能会惊讶地发现，想成功还有更重要的事情要做。只要用一个词，就可以大大增加别人对你说“Yes”的概率。

这个词就是“因为”。

20世纪70年代，哈佛大学杰出的心理学家埃伦·兰格（Ellen Langer）在进行一项经典的心理学研究时，发现了“因为”一词的说服力。在什么情况下，人们会允许一个完全陌生的人插队？埃伦·兰格对此进行了调研。

兰格是在什么样的环境下进行这项研究的呢？是一间繁忙的办公室，具体地点是复印机旁。

在她的第一个实验中，兰格安排了一名实验协助者，对于其他实验对象来说，协助者完全是个陌生人。协助者会接近下一个排队即将使用复印机的人，然后简单地问："抱歉，我有 5 页纸，可以让我先用复印机吗？"对于这个直截了当的请求，10 个人中有 6 个人都答应了。如果这 60% 的请求成功率让你感到意外，那么回忆一下第 9 章中的一个重要观点：人们通常比我们预想的更有可能答应一个请求。兰格清楚地知道这一点，但她还有其他发现。当这个陌生人提出请求时附加一条原因——"抱歉，我有 5 页纸，可以让我先用复印机吗？因为我赶时间。"——请求成功率则跃升至 94%。因此，要想显著提高别人对你说"Yes"的可能性，似乎有一种方法，那就是说明你提出请求的原因。

但请继续阅读，"因为"还有更多知识点。下面才是最有趣的地方。

在随后的研究中，兰格不单单测试了在请求中附加理由的影响，她还测试了给出的具体理由，并发现了一些非常奇怪的地方。即便陌生人给出的理由完全没有意义，别人也会对他的请求说"Yes"！

有时陌生人说："抱歉，我有 5 页纸，可以让我先用复印机吗？因为我得复印一份。”“啊！你当然需要复印，因为这是一台复印机！”对方会这么回答吗？不会的！尽管陌生人给出的理由并没有增加任何实质性的、有用的信息，但在被请求的人中有93%回答说：“好啊，用吧。”

看起来，虽然在向别人提出请求时，“给出”一个理由很重要，但更重要的是你只需“有”个理由。在表明你有理由的时候，有一个词是最好用的，那就是“因为”。

“因为”这个词之所以有说服力，是因为我们通常会把它与随之而来的正当理由联系在一起。

- 拜托能不能让我参加主管培训，因为这将有利于我获得晋升。
- 多吃水果和蔬菜，因为它们对你有好处。

广告商尤其明白“因为”这个词的说服力：

- 因为“你值得拥有”（欧莱雅，L’Oreal）。
- 因为“美好的一天从早餐开始”（家乐氏，Kellogg’s）。

但是要知道，“因为”一词的能量是有限的。当兰格把请求复印的量从5页增加到20页时，别人说“Yes”的意愿就会急剧下降。“因为”一词似乎只适用于较小的请求，但不适用于较大的请求。当请求变得更大时，你就需要提供更正当的理由。或许，也需要更大的激励？

在最近的一组研究中，为了说服别人同意让自己插队，研究人员调查了经济激励如何影响成功率，而不再是提供理由。你可能想象得到，当插队的人提出付现金给排在队伍中的人时，插队人出价越高，就越可能成功。但意外的是，同意插队的人，几乎都不接受这笔钱。（学生最有可能接受这笔现金。）

现金激励似乎直接体现了一个人的需求水平。激励越高，传达出的需求就越大，对方就越有可能在实际未接受现金的情况下说“Yes”。

因此，兰格在近 50 年前的发现，在今天看来，似乎与以往任何时候都一样，既有效又重要。当你说服别人答应你的要求，认可你的建议和想法的时候，即使你认为原因很清楚，也一定要给出一个强有力的理由。

要想说服孩子们整理自己的房间，说服青少年做家庭作业，说服室友倒垃圾，说服伴侣洗碗，答案很简单，只要说出“因为”，并给出理由就行了。

16 改变承诺的方法

持久的承诺通常是主动和公开做出的。

鲍里斯·约翰逊（Boris Johnson）担任伦敦市长时，说过一句名言："承诺容易履行难。"从政治角度来看，这句话不是很能安抚人心，但从说服的角度来看，他的话确实揭露了一个略显残酷的事实。我们常常发现，人们对某项任务仓促地做出承诺，却很少能以同样的效率履行。比如回报别人的好意，承诺按时提交报告，或者答应安装架子，人们承诺的与他们实际所做的往往存在着差距（有时甚至是鸿沟）。

原因很简单，承诺和实际行为是完全不同的两件事。以新年决心为例，很多人在新年伊始都会做出一些承诺。"变得更健康"或者"多锻炼身体"是我们常见的目标。请注意，这不仅是他人最常许下的承诺，也是我们自己最常许下的承诺：人们很容易忘记，去年立的目标实际上与今年的如出一辙。人们更容易忘记，这些目标的"悲惨命运"。

如果这些情况听起来很耳熟，那么不止你一个人是这样的。一些媒体甚至给这种现象起了个名字。几年前，本书的作者之一，史蒂夫·马丁接受了英国广播公司（BBC）的采访，主题是“节食日之死”。此前，英国一项大规模调查发现，截至 2 月 1 日，近 80% 的人已经放弃了制定新年目标，而就在几周前，他们还斗志昂扬。事实证明，习惯性的行为是很难改变的，无论我们试图说服自己，还是说服别人，都是如此。幸运的是，有大量的社会心理学研究表明，对做出承诺和监督承诺的方式进行一些小的调整，就可以让你更能坚持做出想要的改变。

因为调整涉及承诺的所有权。在说服别人和我们自己履行承诺时，那些自愿做出的承诺更有可能经受住时间的考验。俗话说：“口服心不服。”人类普遍注重言行合一。我们努力不辜负自己的信念、价值观和自我认同的品质。如果你想要的许诺与对方的信念、价值观和自我认同的品质一致，就会更容易促使对方自发地做出承诺，而不是像通常的情况那样，让对方感觉是被强迫的。

自发的承诺固然好，但持久的承诺通常是那些主动和公开做出的。同事、朋友和家人如果能主动、公开地做出承诺，那他们未来食言的可能性就会比较低。

例如，思考一下医生、牙医和理发师常用的预约提醒卡。谁把你们下一次约见的日期和时间写下来——是你，还是爱闲聊的接待员？在一项针对全科医生诊所的研究中，我们要求患者自己填写下次预约的日期和时间，而不是让接待员写，并统计了结果。与那些由接待员填写卡片的人相比，自己写下预约时间的那一组爽约的人数减少了 18%。

看起来，人们更有可能履行自己主动写下的承诺。

因此，当谈到把“承诺做某事”，转化为“实际做某事”的时候，详细地写出主动的、公开的行动，会有一定作用。要求你的团队成员写下他们的目标，可以帮助他们强化履行承诺的意识。温馨提示室友，让他们回想起说过的要保持公寓干净整洁的话，这可能比威胁、强制或令人挫败的爆发更有效果，从而让大家共创干净的家。就像在“女童子军[①]”和“男童子军”中，组织成员会在所有人面前许下誓言，然后获得一枚徽章，作为对他们承诺的公开提醒。在脸书上发布你的节食目标

① 童子军运动（Scouting）是西方国家一项旨在支持青少年身心和精神发展的运动，目的是教他们在社会中发挥建设性作用，重点关注户外活动和生存技能。——译者注

和承诺，以获得粉丝和朋友的支持，这可能决定了你在 2 月 2 日是吃饼干还是吃西蓝花。

至于设定目标，公认的做法是，要设定单一的、具体的数字目标，以便自己或者别人集中精力。比如，每月减掉 1 千克体重；为了明年的度假，每月存 50 英镑；每个月读两本书；今天结束前告诉我三个想法。乍一看感觉这很有道理，因为单一数字的目标既明确又具体。但在追求目标时，还有其他因素在起作用，有两个重要的因素是：挑战性和可实现性。目标要能给人带来足够的挑战，这样，人们在达到目标时才会有成就感。但是，如果目标过高，无法实现，那么它更有可能让人灰心，而不是更有动力。单一数字目标的问题就在于此，它们要么是相对容易实现的，要么是相对具有挑战性的，或者更有可能，是介于两者之间的。不过，我们还有一种选择。

这种选择叫作“高 – 低”目标，它可以很好地确保别人对你的承诺以最大的概率进行下去。

研究人员给减肥俱乐部的一组人分配了“每周减掉 2 磅[①]”

① 1 磅约为 0.45 千克。——编者注

的单一数字目标，给另一组分配了一个平均值相同的目标范围（“每周减掉 1~3 磅”），得出的结果非常有趣。被指定单一数字减肥目标的人，有近一半人持续了十周；被指定了高－低范围目标的人有近 80% 坚持到了最后。也许最有趣的地方是，高－低范围目标对小组整体减肥表现的影响非常小。事实上，尽管不是非常突出，但数据显示，被指定了高－低范围目标的人的表现略显优势。所以请放心，给自己（或其他人）指定一个高－低范围目标，并不意味着你只能达到范围中的最低值。如果说这两种目标设定方式有什么不同的话，那就是高－低范围目标的持续时间更长：正因为你投入了额外时间，你的表现可能也会更好。

制订具体的实施计划，说明何时、何地，以何种方式履行诺言。

17 敦促他人行动

大多数人都知道列奥纳多·达·芬奇（Leonardo da Vinci）的标志性肖像画《蒙娜丽莎》（*Mona Lisa*）。但是，可能很少有人知道，这位文艺复兴时期的博学家是一个慢性拖延症患者。当你有像达·芬奇一样的天赋时，就可能会有很多一时兴起的想法。达·芬奇的许多计划都没有完成，或者完全被放弃了，因为他的兴趣和注意力转移到了其他有趣的想法上。他在日记里反思道："告诉我有没有做成过什么事，如果做成过什么事，就告诉我。"对我们来说幸运的是，达·芬奇完成了很多事情，包括这幅世界上最著名的画作，尽管他花了将近16年才完成。

达·芬奇当然不是唯一一个把今天的事情推延到明天的人。我们许多人都曾经历这样的事情，同事或朋友向我们保证："我当然可以为你做这件事，把它交给我吧。"但到交付的时候，他们却没做到。现代生活中的一个事实是，承诺在未来帮助别人，通常要比实际帮助别人容易得多。这未必是因为人们不可靠，只是与当前相比，我们很容易自我欺骗，以为在未来会有更多的时间，而实际上并非如此。就像达·芬奇一样，过两天又会遇到其他感兴趣的事情。在待办事项越来越多的情况下，先前的承诺会不断地被搁置，许多“我明天就做”的任务最终被忽略或被忘记。

因此，“意向”最终可能只是“执行”的远亲。

回顾一下，自发的承诺和公开做出的承诺往往更有可能实现。但也不是必然——特别是当某人表达一个意向的时候，和他们真正执行之间有较长一段时间的情况下。为了达到最终说服的目的，还需要做一些事情，以确保人们能够回忆起当初的承诺，并真正履行承诺，不再推迟。

有一种方法是使用“意向执行计划”。这种方法要求人们制订一个具体的计划，说明他们将在何时、何地，以何种方式履行他们承诺要做的事情，以此来发挥作用。举一个关于投票的例子。众所周知，选举代表是民主国家公民的一项重要义务。尽管如此，到选举日，公民很容易因为其他事情没有参加投票。（或者，在忙碌的一天结束后，突然感到身心疲惫，不如喝上一杯喜爱的美酒，而此时，公民义务早已被抛到了九霄云外。）不管怎样，最终的选举往往只有不到 60% 的选民投票率。

这正是研究人员给选民打电话，询问他们是否计划在即将到来的选举中投票时发现的。许多人说他们打算投票，但他们并没有在投票日出现。但有一组选民在被问及是否打算投票后，实际投票的概率提高了。为什么？因为他们还被问到，打算选举日当天什么时候去投票，以及怎么去投票站。

看来，为了让答应请求的人行动起来，我们得要求他们考虑和设想具体的实施步骤，而不是仅仅考虑一个宽泛的目标。这是否意味着，如果你让孩子制订一个执行计划，他们就更有可能完成家庭作业？不一定。但是，与常见的软硬兼施的做法相比，这种方法可能不那么招孩子厌烦。

如果忽略了另一个我们经常难以说服的人，关于“执行计划”的讨论就是不完整的。这个人就是我们自己。

从定期锻炼到提高工作效率，从行为上更加注重环保到减少在社交媒体上花费的时间，无论我们为自己设定了什么目标，围绕“如果……当……然后……”执行计划，就有说不完的好处。

以下是它的工作原理。你要选择一个提示或一种情形，它会发生在一个规律的、可预测的时间、地点或者某个事件中，然后，将一个理想的行动与该提示或情形联系起来。假设你想让饮食更健康一些，但你的工作需要你经常去招待客户。一个“如果……当……然后……”执行计划的例子就是：“如果我出去吃饭，当服务员问我是否想要甜点时，（然后）我会点薄荷茶。”

想要定期锻炼的人可以制订一个“如果……当……然后……”执行计划，比如：“如果今天是星期一、星期三或星期五，我下班回家，（然后）就出去跑步。”这不是痴心妄想。在一项研究中，10 个人中有 9 个制订了这类计划的人，从长期来看，更有可能有规律地锻炼。相比之下，制订了宽泛的、不那么具体计划的人，实际定期锻炼的只有 3/10。

“如果……当……然后……”执行计划之所以有效，是因为经过一些有意识的努力，它们开始成为习惯。一旦制订了计划，遇到了特定的提示或情形时，就要随时准备启动相关的行动。经过足够多的重复执行之后，这种行为就成了习惯。

对于列奥纳多·达·芬奇本人是否会因为制订一些执行计划而受益，人们如今只能猜想。“当我被其他想法分散注意力时，（然后）我就会回去完成这幅画像。”达·芬奇如果这么做，或许有些未完成的作品，如今可能已经成了杰作？

18 总要有比较

人们总是喜欢比较，而且比较对象可能是一个根本不存在的人。

想象你正处于激烈的竞争中。比如，你和你的团队正在争取一个新客户，或者你在竞选理想职位时落到了后三名。在这个过程中，你的排名顺序对于你成功的可能性有什么影响吗？第一个出场会提高你的成功率吗？如果你最后一个出场，胜算会更大吗？

以面试为例。像大多数候选人一样，你做了充分的准备：更新简历；对可能会被问到的问题排练并润色答案；收集你之前的经验和成就，证明你是这份工作的最佳人选。但是，有些事你可能没有考虑到，那就是面试的顺序对你能否得到这份工作有很大的影响。

几年前，一位从事学术研究的同事受邀去一所顶尖大学参加面试。面试委员会解释说，他们将在一天中面试若干名应聘者。因为面试是在另一个城市进行的，所以他可以选择面试时间，这样方便他提前做旅行安排。他会在前一天晚上到达，并在第二天早上第一个面试吗？还是他更倾向晚一点儿面试，这样，他就可以在一天之内往返？他选择了先去，想必是认为这样做会给对方留下强烈而持久的印象，让随后的应聘者很难与之匹敌。不幸的是，这个计划没有成功。他没有得到那份工作。

也许是他那天表现得不好，也许是还有更合适的人选。不管怎么说，这段经历让他对求职面试的心理进行了更深入的研究——发现的结果令人震惊。

他回顾了一所世界知名大学 5 年以来的随机面试，发现得到工作的几乎总是最后一位应聘者。他认为这可能只是学术界的一个怪现象，但在研究了其他领域的竞争情况后，他发现了类似的结果。在欧洲电视网歌唱大赛（Eurovision Song Contest）中，对于快结束时上场的表演者，评委们给出的分数更高，这位表演者也更有可能获胜。在《美国偶像》（*American Idol*）和《X 音素》（*The X Factor*）这两个节目中也是如此。会不会是在评估竞赛性质的表现时，比如工作面试、推销宣传和才艺比赛等，评委们对出场早的候选人印象不深刻了呢？如果是这样的话，那么在每一次候选人表现之后就进行评估，应该会消除这种影响。但事实并非如此，还有其他原因在起作用。令人惊讶的是，这与候选人的表现关系不大，而与候选人的出场顺序有很大关系。

人们很少凭空做出决定，做选择不可避免地会受到周围情况的影响。这些情况可能包括：潜在的替代者、物理环境，以及在做出决定之前的心理活动。举个例子，在餐馆里点一杯葡萄酒。如果从酒水单上标价 3.75 英镑的家常葡萄酒开始往下看，中间出现标价 5.5 英镑的酒，看上去就贵了不少。然而，如果是标价 9 英镑的酒出现在单子最上方，那中间标价 5.5 英镑的酒的价格看上去就合理得多。酒的价格没有任何变化，只是它们出现的顺序变了而已。

毫无疑问，选项呈现的顺序对于人们进行比较以及随后做出选择有着巨大的影响。突然之间，可以从另一个角度来看待工作面试。

如果你是众多竞聘者之一，不要犯这样的错误：认为自己第一个上场，你就不会被拿来与任何人比较。你会被拿来比较的，而且比较对象很可能是一个根本不存在的人。我们这里说的是职位描述—— 一张列有完美候选人必备特征的单子。在评估最初的竞聘者时，遴选小组通常比较吝啬，因为他们知道，过早地给竞聘者高分，会限制他们后续打分的空间，他们想把更高的分数奖励给后面表现更好的人。所以，在其他条件相同的情况下，如果你处于一个竞争环境中，有三个或三个以上的候选人争取一个机会的话，我们给你的建议是：最后出场。

还有其他方法：你可以稍微改变事物呈现的顺序以提高你的说服力。成功的影响者有一个口头禅是“总要有一个比较”。重要的是，要考虑你要说服的对象在做出决定时，将会拿你的要求或建议与什么做比较。在交流过程中，引入有利的比较可以增加你成功的概率，它甚至可以让你（和你的朋友）更加高效。研究人员发现，一组被分配完成 6 项任务的人，如果事先被告知另一组人被分配了 10 项任务，前一组完成这些任务的可能性就要大得多。

因此，无论是引入一个有利于你的提案或请求的比较，还是利用现有的环境，将其作为你的优势，考虑一下，听众在做出决定的那一刻将把你的提议与什么做比较，是有好处的。

19

巧用效仿心理

人们倾向于效仿最像自己的人。

在不清楚什么决定正确的情况下不得不做出决定——你上次遇到这种情况是什么时候？现代生活的一个事实是，我们常常在不知道什么是正确选择的情况下，不得不做出选择。现代生活的另一个事实是，当我们做出这样的决定时，我们很可能会效仿与我们类似的人的做法。

在机场排队就是一个很好的例子。如果你发现排队时不完全确定自己是否在正确的队列中，那么不止你一个人是这样的。我们都听过这样的故事：人们来到一个不熟悉的地方，比如机场，花了很长时间耐心地排队等候，但当他们到达队伍前面时，却发现排错了队，然后被引导到正确的队列（更短、移动得更快）。

选择餐馆是另外一个很好的例子。在众多的饮食选择中，你是选择熙熙攘攘、人满为患的餐馆，还是选择比较冷清的餐馆？在这种不确定的情况下，热门选择往往占上风。如果你真的选择了比较安静的那家，服务员很有可能会让你坐在前排，让餐馆显得更热闹。或者，你提前在网上预订餐馆，某家店比其他家有更多的四星和五星评价，这会影响你的决定吗？很可能会。在人们不确定正确的做法或涉及风险的情况下，效仿他人的行为往往是有效而快速做出决定的可靠方法。心理学家称之为“社会认同”[①]——换句话说，我们会经常效仿周围人的行为。

这种类似羊群的行为，其说服力是有据可查的。对于社会认同对个人从众行为的影响，有一项经典研究。一组人被问及三条线中哪一条最长：A、B 或 C。正确答案很明显是 C。小组中的每一位成员（事实上是实验的协助者）依次被提问，并公布他们的答案。每个人都故意答错，说 B 是最长的。实验的真正目的，是看最后一个被问到的同时也是不知情的人，是否会说出他所看到的真实结果。尽管 C 显然是正确的答案，但最后的人给出的答案大部分是 B，为的是与多数人的回答保持一致。

那么，为什么我们大部分人在某些时候会屈服于群体的影

① 社会认同是罗伯特·西奥迪尼（Robert Cialdini）在其 1984 年的著作《影响力》（*Influence*）一书中创造的一个术语，也被称为信息社会影响（informational social influence）。它描述了一种心理和社会现象，是指在特定的情景下，人们会模仿他人的行为来采取行动。——译者注

响呢？原因之一是，如果许多人已经在做某件事，那么这可能是一个信号，表明这是正确的事情。如果有成百上千的人从一栋建筑里跑出来，高喊“着火了”，那么最好还是跟着他们跑。同样，如果我们所有的朋友都在谈论最新的电影，或者在社交媒体上评论他们喜欢的一本书，那么这可能意味着，你也会喜欢这部电影或这本书。效仿也有助于我们满足人类的两项基本需求——社交需求和获得他人赞同的需求。

因此，你在试图说服别人时，我建议你要强调一个事实，那就是你想让对方做的事情已经有很多人在做了。在家里，不要试图用逻辑来说服你的孩子去做他们实在不想做的事情（比如让他们吃蔬菜），而要指出他们的朋友正在这样做。在办公室里，宣传已经有很多人支持一项新的计划，可以让这个新计划的想法流行起来。当你想说服朋友选择一个特定的度假地时，不要只靠你个人的说服力，而要突出其他已经去过那里的人发表的所有正面评价。

要记住，最有效的社会影响力源自与你要说服的对象有最直接相似性的主体。接着说上面度假的例子，如果在线上发表正面评价的人所属的群体与你朋友的群体（在年龄、性别或兴趣方面）不同，这样做的说服力反而会更低。但是，如果你选出的评论发表者与你朋友的年龄和兴趣都极其相似，那就会更有说服力。

同时，也要认识到，指出某些负面现象的根深蒂固的本质，实际上会导致更多负面的结果。经常被批评“你总是忘了丢垃圾”的配偶，不太可能在短期内改变。同样，如果办公室里的每个人都说，“这儿的会议永远不会准时开始”，那么短期内会议准时开始的可能性就会降低。因此，我们的建议是，向别人提出你希望看到的行动，并强调许多像他们一样的人，已经将这种行动付诸实践了。

一定要注意，大多数人的行为会影响你，甚至可能导致你失去机会。回到餐馆的例子上，想象一下，你和一群朋友吃完晚饭，该点甜品了。他们没有要停止谈话的意思，于是你想先给自己点，但在柠檬芝士蛋糕和奶油蛋糕之间左右为难。然后，你又想等别人先点，参考他们的做法，再做出更好的选择。但第一个人不要甜品，说自己吃得太饱了，第二个人也不要了。很快，其他人也纷纷效仿。尽管没有什么阻止你去点一份甜品——事实上，你还是想要一份，但你会显得与整个群体的行为方式格格不入。于是，你很不情愿地放弃了甜品。

我们当然不建议有样学样，但要记得，我们周围的人的行为和决定对我们有着强大的说服力。如果这能帮助我们避免危险，选择合适的度假地或电影就还好。但是，至少对有些人来说，如果它妨碍了吃甜品，那这样的说服力可能就过分了！

20

损失比收益更让人不悦

真诚地告诉人们，如果不采纳你的建议，他们就会失去什么。

想象一下，有一天在上班的路上，你在人行道上捡到一张20英镑的钞票。你会有多高兴？和大多数人一样，在稍微想了想丢钱人的不幸后，你可能会对自己的好运感到非常高兴。

作为对比，想象一下，你去上班的路上，并没有捡到令人喜出望外的20英镑，而是发现自己丢了钱！你现在感觉如何？我敢打赌你非常不开心。显然，比起捡到钱的快乐，丢钱让人感到更不开心。

大多数人对于失去产生的不悦感，比得到时的快乐感强烈得多，这个事实引出了一个耐人寻味的问题。如果你有一天早上幸运地捡到了20英镑，但在那天晚些时候又丢了，那你会感觉更糟吗？显然你的经济状况不会更糟，因为所得与所失互相抵消。然而，从情绪上来说，你可能会感觉更糟。造成这种感觉的原因很简单，心理学家都知道，就是在我们心目中，损失要比收益大得多。

有一项著名的研究提供了一个很好的证明。有两种报告，概述了为了减少能源开支，每个家庭可以采取的一些简单措施。每个家庭会收到其中一种。这两种报告只是在一个方面有所不同：一半的家庭被告知，如果他们采取建议的措施将节省的费用；另一半的家庭被告知，如果他们不采取建议的措施将继续损失的费用。信息中小小的变化产生了显著而直接的效果。当被告知将失去什么而不是得到什么的时候，采取措施的家庭多了一倍。这对说服力的影响是显而易见的。真实地向别人指出，如果不听从你的意见或建议，他们可能会失去什么，这可能是一种非常有效的策略，可以促使人们采取行动，让他们说“Yes”。

事实上，大多数人都是典型的“损失厌恶”型，不单单是金钱上的损失，当别人试图说服他们改变拥戴对象，或者改变当前的习惯和行为时，也会感到极其困难。替换一个喜欢的品牌，尝试戒烟，或者吃更健康的食物，做出这些改变，都要付出不同形式的代价，比如在熟悉程度、舒适度方面的代价。在戒烟的例子中，代价是你与其他吸烟者之间的关系会减弱，甚至可能让你丢面子。对一些人来说，这些代价根本不值得付出。如果你发现自己正面临这样的挑战，或者正在帮助别人应对这样的挑战，你能做些什么呢？

一个要点是，你要认识到，由于人们在心理上的失去感与获得感的比重接近 2∶1 而不是 1∶1，你想要说服他人做出的任何改变，如果只给现状带来有限的好处，就不太可能产生效果。因此，清楚地说明替代方案如何带来更明显的优势，然后将这些优势界定为目前正在失去的好处，这一点非常重要。

说服别人时要记住的另一个要点是，强调意见或建议的稀缺价值。向听众指出你的建议中真正罕见和独特的价值是很有说服力的。因此，如果同事得知你的项目有独特的好处，他们可能会被说服来帮你——如果他们也了解到，不齐心协力的话，整个团队可能拿不到圣诞节奖金，他们就会更愿意帮忙。

同样，如果朋友得知，今晚是你这个月剩下的时间里唯一有空的晚上，他们就可能更愿意在今天和你共进晚餐。再加一句，告诉他们如果不来，还会错过一条你准备讲的劲爆八卦。

21 制造难忘结尾

人们倾向于忽略痛苦的过程，而记住美好的结局。

你是否注意到，通常在音乐会结束时，流行歌星和其他表演者会表演他们最受欢迎的歌曲或者观众最喜爱的节目。他们不会在活动开始或进行到一半时表演这种节目。这样做是有原因的。他们知道如此收尾，粉丝回家会感到更快乐。别误会我的意思，第一印象很重要，这点毋庸置疑。但是，在一段经历结束时发生的事情通常更重要，也更令人难忘。

举个例子，假设你参加一个关于疼痛忍耐的实验。在实验的第一部分，研究人员要求你把一只手放进一个冰凉的水桶并持续 60 秒。这是一段非常难受的体验，但你能忍受。然后是实验的第二部分，你要把另一只手放进冰冷的水桶里，同样是 60 秒。但在一分钟过后，研究人员要求你把手继续放在水桶里再保持 30 秒，在此期间，水的温度会上升 1 摄氏度。他们最后会问你，在这两项体验中，你愿意重复哪一项。你愿意忍受 60 秒的疼痛，还是 60 秒的疼痛再加上 30 秒不那么剧烈的疼痛？

如果你知道大多数人选择后者，会感到惊讶吗？他们实际上选择了忍受更多的痛苦。这一点儿都没有道理，直到你开始明白，我们的实际经历和我们对经历的记忆之间存在着很大的差异。当我们回顾一段经历时，我们很少会想起全部细节，而是专注于一些特定的时刻。通常，回忆经历时，有一个特别的时刻比其他时刻重要得多：结尾。冰水实验很好地证明了，如果一段经历有好的结尾，即使我们在过程中忍受了相当多的痛苦，我们依然能乐观地回首这段经历。实验还表明，我们往往不太注重痛苦持续的时间，而且在某些情况下，完全忽略了这个时间。这或许可以解释，为什么冰水实验中的人愿意忍受额外的 30 秒的疼痛。当回想自己的感受时，他们忽略了痛苦的时间，却记得第二次经历的结局比第一次的好。

不仅限于流行歌星和他们的歌曲，或者心理学家和他们的冰水实验，这样的例子到处都有：工作汇报一直进行得很顺利，直到有人把一壶水打翻在笔记本电脑上；因为服务员当晚结束时的粗鲁无礼，破坏了一次很棒的约会；和心爱的人一起度过一个轻松的周末，却被晚点或取消的航班破坏了心情。请注意，这些不幸的结局并没有对经历本身产生任何影响。在服务员对你无礼或者航空公司取消航班之前，你都过得很开心。

受到影响的是你对这些经历的记忆。考虑到这一点，当你与他人建立密切关系时，对事情结束的方式进行微妙的调整就很重要了。

如果你想让下一个假期给你留下美好的记忆，不要再预定许多小的短途项目和一日游项目来分散预算，而最好把预算的大部分花在一两次令人惊喜的体验上，并把这些体验安排在假期快结束的时候。如果你打算通过升级舱位来优化体验，记住，如果升级回程航班舱位而不是去程航班舱位，你可能会有更快乐的回忆。

当你与别人对话和互动时，情况也是如此。对话和互动如何结束会极大地影响对方对我们的好感。因此，如果你需要和朋友或家人进行一次艰难的交谈，先谈较难的话题，然后谈愉快点儿的话题，或者，最后安排大家可以一起玩得开心的活动。

正如你最爱的姑妈建议的那样，不要在吵架之后带着怨气睡觉。

21 天
行动指南

第 1 天　求回报前先付出

- [ ] 你想要说服谁，或者你想从谁那里得到什么？想一想，首先你能帮他们做什么。
- [ ] 请思考使你的请求更加个性化的方法：能不能用手写的便条，或者用打电话来代替电子邮件？
- [ ] 养成习惯，多问自己“我能帮谁”，而不是“谁能帮我”。

第 2 天 营造交换氛围

- [ ] 如果你感到自己常常被人利用，可能是因为你经常说“没问题”之类的话。想一想能用什么话来代替。
- [ ] 别人对你说“谢谢”的时候要留心。写一本“感谢”日记，留心你生活中的给予和索取是否平衡。
- [ ] 寻找传递善意的方法。如果有同事对你的帮助心存感激，问问他们是否可以帮助你的团队或者朋友圈里的其他人。

第 3 天 礼物选购有策略

- [ ] 记住，问别人想要什么礼物是可行的。这样他们在收到礼物时会更开心，你也会更开心。
- [ ] 同理，你也可以告诉别人你想要什么礼物。
- [ ] 下次为别人买礼物时，不管是一瓶红酒还是一份生日礼物，记住价格是相对的，买高品质的东西要好于买高价格的东西。

第 4 天 寻找连接点

- [ ] 下一次，当你想要推介项目或提案时，去跟老板说："我真的希望得到您的宝贵意见。"获得意见，汇总想法，这是成功说服的关键一步。
- [ ] 跟不友好的同事或邻居打交道时，试着找出你们的共同点并强调它，再尝试说服他们。
- [ ] 跟别人第一次见面之前，在领英[①]或脸书上快速搜索他们的主页，寻找你们共同的兴趣和经历。
- [ ] 回顾第 2 章，看清征求意见的好处：促成伙伴关系，组建团队，最终达成合作。

① 领英（LinkedIn）是全球最大的一家职业社交网站。——译者注

第 5 天 拒绝情绪影响

- [ ] 在重要的会议和会面之前，问问自己“现在处于什么情绪和状态”。如果是无益的情绪，那么先暂停一会儿，平复一下情绪。
- [ ] 想办法别让强烈的情绪干扰你的会议。会议前，出去呼吸一下新鲜空气，散散步，平静一会儿。尽快脱离无益的情绪和状态。
- [ ] 当你向别人索取的时候，要看好时机——如果他们正处于不安、生气或烦恼的状态，那你就过一会儿再去。

第6天 被拒后让步

- [ ] 问问自己："我的理想目标是什么？我能接受怎样的让步？"做好准备，提前知道你想要什么，以及你能接受的结果。
- [ ] 永远把理想目标作为第一请求。
- [ ] 不要因为觉得会被拒绝就降低你的第一请求。在通常情况下，被拒绝是常有的事。大胆一些，准备好立刻提出第二个请求。

第 7 天　巧妙地展示自我

- [ ] 只要有可能，就请别人来介绍你。
- [ ] 如果不行的话，在会议之前发放你的个人简介或资料。
- [ ] 在简历的最开始列出你的专业资格和经验。永远不要把它们藏在最后。

第 8 天 缺陷也完美

- [ ] 你需要认识到自己的小缺点才能接受它们。列出你的小缺点清单。
- [ ] 如果你觉得有困难，或者认为自己没有任何缺点，那就问问你的朋友或伴侣，因为旁观者清。
- [ ] 不要害怕承认错误或者小的坏毛病——但是，也不要开始坦白你所有“罪恶”的秘密！

第 9 天　关键是开口

- [ ] 在一周内，记录你提出直接请求后，收到的“Yes”和“No”的数量——很快，你就能看出开口请求的效果。
- [ ] 请记住，与“要是当初开口问了……该多好”带来的长久痛苦相比，被拒绝带来的尴尬就像短暂刺痛一样不值一提。
- [ ] 下一次你想要什么的时候，直接开口去问。

第 10 天　主动和陌生人聊天

- [ ] 下一次，当你乘坐飞机、公共汽车，或者参加会议，而你身边的人没有在低头看手机，或者在忙其他事情时，试着说一句“你好”。
- [ ] 在镜子前练习自我介绍——注意眼神的交流，保持真诚的微笑。
- [ ] 跟朋友聚餐时，建议大家把手机放在餐桌中央，以此鼓励大家多聊聊天。谁先看手机谁就买单！（先看手机这个动作意味着，刷脸书或推特比同桌用餐的人更重要。）

第 11 天　人性的力量

- [ ] 当你清楚地知道自己的目标时，找一个故事让它生动起来，也让别人听着尽兴。
- [ ] 想一想，怎么讲述一个好故事——找到观众认同感强的人物，并在故事里表现人物的动机和愿望。
- [ ] 只要有可能，使用人物图片补充或替换图表和电子表格，以此来传达你的信息。

第12天 喜欢源自相似

- [ ] 要想让别人认同你，第一步通常是让他们喜欢你。找出你们的共同之处，可以增加说服成功的可能性。
- [ ] 做好准备工作。找出你们的相似点，比如共同的背景、兴趣和经历。
- [ ] 在你做演讲或者提出要求之前，一定要强调这些相似点。

第 13 天　称赞可取之处

- [ ] 向别人提出要求之前，想一个他们的优点，并在你们谈话时加以赞美。
- [ ] 不一定非得在需要的时候，才想起来找优点夸别人。要培养一种积极的人际关系，经常性地称赞别人。这可以让他们对你有积极的看法，等到你需要帮助的时候，他们就更有可能答应了！

第 14 天　给他人贴标签

- [ ] 养成一种习惯，用与你即将提出的要求一致的特质真诚地给别人贴上标签。
- [ ] 不过，要小心使用负面的标签。如果你抱怨朋友迟到，那么她在下次一起外出的时候会到得更晚，你千万不要对此感到惊讶。
- [ ] 如果可能的话，回想一下别人给你贴过的正面的标签（比如你工作努力），并提醒自己它给你带来的好处。

第 15 天　给出强有力的理由

- [ ] 在你向别人提出请求之前，一定要弄清楚你为什么要这么做。然后确保对方也知道原因。
- [ ] 为了说清楚你的理由，问问你自己："我的要求会带来什么好处？"
- [ ] 在你的请求中，一定要用"因为"这个词来强调你的理由。

第 16 天　改变承诺的方式

- [ ] 下一次，你想要某人做出承诺的时候，给他们一个明确的目标。
- [ ] 不管是自己还是他人，承诺要在公众面前做出：在酒吧里，告诉朋友们，你的另一半答应在夏天陪你一起度假；在脸书上承诺你要跑马拉松；在工作会议上，承诺你的团队将按时完成项目。
- [ ] 当你为自己设定目标时，思考一个令人满意的目标范围，而不是一个绝对的结果——你将发现自己会为最好的结果奋斗！

第 17 天　敦促他人行动

- [ ] 请记住，在制定目标时，仅仅把目标写在待办事项清单上可能还不够。
- [ ] 一旦你确定了一个目标，就制订一个执行计划，包括具体步骤，表明你将在何时、何地，以何种方式实现它。
- [ ] 当你说服别人时，鼓励他们也这样做。如果你管理一个团队或者负责一个项目，就要定期检查执行计划。

第 18 天 总要有比较

- [ ] 在其他条件相同的情况下，参与有三名或三名以上候选人的竞争，尽量最后一个上场。
- [ ] 在准备提案或请求时，一定要考虑一个有利的比较。
- [ ] 想想你的听众会把你和什么人、什么事做比较——确保你是他们更好的选择。

第 19 天 巧用效仿心理

- ☐ 一定要告诉你想要说服的人，跟他们情况类似的人是怎么做的。
- ☐ 人们会效仿那些与自己最像的人。所以，与其用你自己最引以为傲的推荐信，不如用跟你的说服对象最像的人写的推荐信。
- ☐ 在你的社交网络上培养“关注者”，突出关注者数量的增长。如果关注你的人数从 200 上升到 400，你就可以在推特上发布说，人数翻了一番；在照片墙[1]上，为关注你的人提供一个激励措施，帮助你达到一定的关注量。

---

① 照片墙（Instagram）是一款运行在移动端上的社交应用，能将你随时抓拍下的图片进行网络分享。——译者注

第 20 天　损失比收益更让人不悦

- [ ] 想一想，如果对方答应你的请求，他们会得到什么好处。如果他们不仔细考虑你的请求，就把这些好处说成他们可能会失去的东西。
- [ ] 利用竞争来提高你的说服力。如果对方知道，你的时间或服务是其他人急需的，你就会变得更有说服力。
- [ ] 尊重你自己的时间，这样别人才会尊重你的时间。不要说“我一整天都有空，你选个时间吧”，而是说“我可以在星期六的 4 点或 7 点跟你会面”。

第 21 天　制造难忘结尾

- [ ] 尽量把最好的消息留到最后，它将对人们产生更大的影响。
- [ ] 当你演讲的时候，问问自己“我最想让人们记住的是什么”，把它放在最后讲出来。
- [ ] 提醒你自己和你的团队成员，记住那些美好的时光。人们很容易忘记曾经共同经历的美好时光——尤其是那些结局并不完美的时光。